LA REVOLUCIÓN DE ASTURIAS
Y SUS PRECEDENTES

MANUEL
CHAVES NOGALES

LA REVOLUCIÓN
DE ASTURIAS
Y SUS PRECEDENTES

CRÓNICAS ESCOGIDAS

PÁGINA INDÓMITA

© de la presente edición, PÁGINA INDÓMITA, S.L.U.
Providencia 114 bis, 4º 4ª. 08024 Barcelona
www.paginaindomita.com

Diseño de cubierta y composición: Ángel Uzkiano
Imagen de cubierta: Mineros capturados por la Guardia Civil
en Brañosera (Palencia), el 8 de octubre de 1934
Impresión y encuadernación: Romanyà Valls
Primera edición: octubre de 2025

ISBN: 978-84-129857-7-1
Depósito legal: C-1086-2025

ÍNDICE

NOTA A LA PRESENTE EDICIÓN

En octubre de 1934, la Segunda República vive uno de sus momentos más complicados y aciagos: Asturias conoce la revolución social de la mano de un ejército rojo compuesto por unos 30000 obreros armados, que toman el control de gran parte de la región, ocupan fábricas e instauran un régimen socialista en las localidades dominadas por los socialistas (o los comunistas) y un régimen comunista libertario allí donde predominan los anarcosindicalistas. El gobierno responde enviando al ejército, dirigido desde Madrid por el general Franco, quien decide emplear a las tropas coloniales marroquíes y a la Legión y reprimir la revuelta con extrema dureza: el conflicto concluye con más de un millar de muertos, miles de heridos y cerca de 30000 detenidos.

Chaves Nogales es uno de los primeros periodistas que consigue entrar en Asturias una vez restablecido el orden. Como enviado especial del diario *Ahora*, recorre los pueblos y las ciudades y, tras contemplar las casas destruidas y los escombros y hablar con los protagonistas, los testigos y los afectados, ofrece en sus crónicas un detallado informe marcado por el afán de ecuanimidad, como había hecho ya en sus reportajes sobre las insurrecciones anarquistas precedentes, recogidos también en esta edición junto al premonitorio artículo que había escrito poco después del advenimiento de la Segunda República, y que abre el presente volumen.

La obra pone de manifiesto el espíritu liberal del autor, «ciudadano de una república democrática y parlamentaria», «antifascista y antirrevolucionario por temperamento», «perfectamente fusilable» por unos y otros,[1] quien viajó como reportero a la Rusia soviética, la Alemania nazi y la Italia fascista, abandonó España al poco del estallido de la guerra civil para exiliarse con su familia en Francia y, por último, tras la invasión alemana del país en 1940, y ya con la Gestapo pisándole los talones, tuvo que exiliarse de nuevo, esta vez en el Reino Unido, donde falleció en 1944.

En lugar de ofrecer aquí un prólogo o introducción de mayor extensión, hemos optado por encabezar algunas de las crónicas con breves textos introductorios que contextualizan los acontecimientos y que, junto a las notas a pie de página, le serán de ayuda al lector. Todas las crónicas fueron publicadas originalmente por el diario *Ahora*, del que Manuel Chaves era redactor jefe y subdirector. La fecha exacta de publicación se ofrece en los propios artículos, después del título.

1. Así se definió a sí mismo en el prólogo de su célebre *A sangre y fuego* (1937), Página Indómita, Barcelona, 2025.

LA REVOLUCIÓN DE ASTURIAS
Y SUS PRECEDENTES

COMUNISMO INDÍGENA
Ahora, 19 de noviembre de 1931

Tras la proclamación de la Segunda República el 14 de abril de 1931, se pusieron en marcha diversas reformas, como la agraria, cuestión que Manuel Chaves Nogales abordó en el reportaje «Con los braceros en el campo andaluz», serie de cuatro crónicas publicadas por Ahora *en noviembre de ese mismo año, y de la que proviene el texto a continuación. Se trata de un escrito sumamente premonitorio, pues si bien el autor se refiere fundamentalmente a la situación en Andalucía, anticipa en los pasajes finales el convulso periodo que le esperaba a la Segunda República en todo el país. Así, tan solo un mes después tendrá lugar una «semana trágica», que se inicia el 31 de diciembre con los sucesos de Castilblanco (Badajoz) —en los que el enfrentamiento entre campesinos de la localidad y la Guardia Civil se salda con el linchamiento y la muerte de cuatro miembros del cuerpo armado—, y que concluye el 5 de enero de 1932 en Arnedo (La Rioja), donde los disparos de la citada Guardia Civil causan once muertos y una treintena de heridos. Y ello se ve seguido, entre el 19 y el 27 de enero, por la primera de las tres insurrecciones anarquistas lideradas por la CNT durante la Segunda República. En dicha insurrección, los anarquistas ocupan minas y edificios públicos en la zona del Alto Llobregat y del Cardener, proclaman el comunismo libertario y se enfrentan a las fuerzas de seguridad. La revuelta es sofocada con rapidez por el ejército y concluye con centenares de detenidos y con la deportación de líderes anarquistas como Buenaventura Durruti.*

Los que hablan con pavor de la propaganda comunista en los campos andaluces no sospechan siquiera la invencible resistencia que los agentes del comunismo encuentran en Andalucía y la decidida repugnancia con que les miran las masas trabajadoras. No hay peligro comunista en Andalucía. Se podría impunemente sembrar el campo andaluz de agentes soviéticos con la seguridad de que mientras más intensa fuese su propaganda, más ferviente e irritada sería la repulsa de los braceros. Hay quienes creen que estos movimientos rebeldes de ahora son los primeros brotes de un sarampión revolucionario que se inicia gracias al relajamiento de la disciplina social que ha provocado el cambio de régimen. Olvidan que la historia de las agitaciones obreras en Andalucía tiene ya muchos capítulos y que el comunismo bolchevizante, que riñó aquí su batalla en 1917, tiene perdida toda esperanza, hasta el extremo de que cuando se decide a actuar tiene que enmascararse. No hay agente soviético que sueñe con hacer prosélitos entre los braceros andaluces con el programa del Partido Comunista en la mano. El comunismo, para actuar aquí, tiene que dejar de serlo y convertirse en anarquismo, sindicalismo, comunismo libertario o radicalsocialismo revolucionario.

¡Que vayan a decirles a los braceros andaluces que hay que instaurar la dictadura del proletariado, que es preciso robustecer el Estado, mantener un formidable Ejército Rojo y como primera providencia fusilar a los discípulos de Kropotkin, Bakunin y Malato![1]

Anarquistas y Guardia Civil

No hay verdaderos comunistas en Andalucía, es verdad. Pero bajo la falsa rúbrica del comunismo hay unos fermentos de subversión, que son los que provocan esas explosiones sangrientas y estúpidas que con relativa frecuencia se registran. Esta indisciplina social es la única causa de sucesos como los de Villanueva de Córdoba, Gilena, Bujalance, Andújar, etc., a los que se les atribuye arbitrariamente un valor sintomático que no tienen.

Los comunistas de los pueblos andaluces son unos comunistas que harían enloquecer a Lenin y Trotski. En

1. Charles Malato (1857-1938), periodista, escritor y editor anarquista francés de origen italiano.

los pueblos —y este es el viejo mal de la España rural—
las fuerzas políticas se dividen tradicionalmente en dos
grandes mitades, en dos únicos partidos: el de los que
mandan y el de los que padecen los abusos de poder del
que manda. Lo mismo da que se llamen liberales y conservadores, que se titulen viejos políticos y upetistas,[2]
que se definan como monárquicos o republicanos o se
dividan en socialistas y comunistas. En definitiva, no
hay más que una división permanente: la de los que están con la Guardia Civil y los que están con los anarquistas.

Y así, cuando mandaban los conservadores, los liberales eran anarquizantes, y ahora en donde mandan
los republicanos los socialistas son de la anarquía, y vi-
ceversa.

Baste decir que en mis andanzas por Andalucía yo
he encontrado núcleos comunistas de Lerroux y hasta
de don Niceto. Y no pueden ustedes figurarse lo absurdo
que resulta eso de encontrarse a los de la derecha liberal
republicana actuando con la táctica y el vocabulario
moscuteros. Esto explicará aquella noticia sorprendente
que corrió por la prensa cuando los sucesos de Villanueva de Córdoba, según la cual el jefe de policía, nada menos, era comunista. A lo mejor el hombre era comunista
de Lerroux.

2. El término *upetistas* hace referencia a los partidarios de
Unión Patriótica (UP), formación política creada por Miguel Primo
de Rivera como partido único de su régimen dictatorial.

Esta división es tan exacta que hasta el Partido Socialista, que es acaso el que hoy tiene en España una disciplina más férrea, una táctica más definida y una orientación más clara, cuando quiere actuar en Andalucía tiene que tomar fatalmente ese tono de rebeldía sentimental y anarquizante que ha de tomar siempre el partido de «los otros», los que no están con la Guardia Civil. Yo me imagino la perplejidad del señor Largo Caballero ante la ideología de sus correligionarios de Salteras, por ejemplo, que no se diferencian de los anarcosindicalistas más que porque es la UGT y no la CNT la que les firma los *carnets*.

Poca fuerza tienen aún los socialistas en Córdoba y Sevilla; pero la poca que vayan conquistando no la deberán a su táctica peculiar, sino a la que le tomen prestada a los sindicalistas. Y lo mismo les pasa a los comunistas y a los radicales y a los radicalsocialistas y todos los que quieran utilizar políticamente a las masas. Lo primero es predicar que hay que acabar con la Guardia Civil.

Modalidades del comunismo

He estado en el Centro Obrero de Villafranca de Córdoba, donde hay un considerable núcleo comunista. Este centro se halla instalado en una casita de paredes cuidadosamente enjalbegadas, con un patinillo lleno de macetas de albahaca y arriates de flores. Más que un centro de lucha social parece el escenario de un sainete andaluz.

—Éste debía ser —me dice el fotógrafo— el «Centro Comunista Álvarez Quintero».

Este centro se denomina autónomo; pero su autonomía, según parece, está condicionada por un ligero matiz lerrouxista. He aquí los comunistas de Lerroux, de que hablábamos. Téngase en cuenta que esta curiosa modalidad no puede ser una inculpación para los jefes políticos, a los que no les es posible controlar la significación de todas las fuerzas que en determinados momentos les apoyan, y que a lo sumo tienen que limitar su intervención a unos intentos de orientar a los que les siguen, intentos pocas veces coronados por el éxito. En España todavía la masa arrolla sistemáticamente a los caudillos.

Estos comunistas de Villafranca intentaron hace unas semanas solemnizar un entierro civil con una manifestación obrera que querían fuese presidida por la bandera roja del Partido Comunista con la estrella de cinco puntas, la hoz y el martillo. El gobernador de Córdoba prohibió la manifestación y la bandera. Entonces abandonaron, momentáneamente, el comunismo y su bandera, y se acordaron de su republicanismo radical. Ya que no se podían manifestar como comunistas, se manifestarían como lerrouxistas. Las autoridades no quisieron pasar por el subterfugio, y se dio el caso de que fue prohibida por primera vez bajo la República la exhibición de la propia bandera republicana.

He estado charlando con estos terribles comunistas. Buena gente. Buena gente, que vive mal y un día cualquiera se prestará a ser carne de máuser estúpidamente; llevada al sacrificio por unos agitadores profesionales, a los que no mueven más que unas ruines ambiciones políticas o unas fantasías de delirantes. No hay ningún movimiento social serio en Andalucía.

Carlos Marx se horrorizaría al ver el crimen que en su nombre se comete con estos pobres hombres, incapaces de una organización política razonable, que desde los tiempos de Pérez del Álamo y Fermín Salvochea[3] vienen sacrificándose en aras de una ilusión mesiánica, que les hace poner el pecho en la boca de los fusiles.

3. Rafael Pérez del Álamo (1829-1911), veterinario y revolucionario español, protagonizó la sublevación campesina de Loja en julio de 1861.

Fermín Salvochea y Álvarez (1842-1907), anarquista y federalista, fue alcalde de Cádiz y presidente del cantón de dicha ciudad durante la Primera República.

CINCO HORAS DE COMUNISMO LIBERTARIO EN LA RINCONADA

Ahora, 11 de enero de 1933

En enero de 1933 estalló la segunda de las insurrecciones anarquistas que, lideradas por la CNT, tuvieron lugar en España durante la Segunda República. Tras el fracaso de una propuesta de huelga general de ferroviarios en el Pleno de Regionales de la CNT (celebrado el 1 de diciembre de 1932), el Comité de Defensa Regional de Cataluña, liderado por Joan García Oliver, impulsa la acción insurreccional, fijada para el 8 de enero de 1933. La insurrección se desata antes de lo previsto, el día 1, cuando explotan varias bombas en La Felguera (Asturias) y se producen disturbios en Sevilla, Lérida y Ciudad Real. Una semana más tarde, el día 8, estallan los combates con las fuerzas de orden público en Madrid, Barcelona y Valencia. Tras ello, la rebelión se extiende a Zaragoza, Murcia, Oviedo y otras provincias, en especial de Andalucía. Se proclama el comunismo libertario en lugares como La Rinconada (Sevilla) y Casas Viejas (Cádiz), localidad esta última en la que, entre el 10 y el 12 de enero (día en que se pone fin a la insurrección en todo el país), tienen lugar los sucesos más graves, pues las fuerzas de orden público causan una masacre entre los vecinos de la localidad. Lo ocurrido conmociona a la opinión pública española y desata una gran crisis política que pondrá fin al primer bienio de la Segunda República: la pérdida de apoyos del gobierno republicano-socialista de Manuel Azaña se verá seguida del fallido golpe de Estado liderado por el general Sanjurjo, el 10 de agosto, y del triunfo de las derechas en las elecciones de noviembre de ese mismo año.

Chaves Nogales aborda esta segunda insurrección anarquista en la crónica a continuación y en las dos que le siguen, las cuales conforman la serie titulada «Los enemigos de la República».

SEVILLA, 10 (10 n.). Un personaje desconocido llegó ayer tarde en automóvil a La Rinconada, buscó el Centro Obrero y cuando estuvo al habla con los militantes más caracterizados les dijo al oído ciertas palabras misteriosas que aquellos campesinos recibieron rechinando de júbilo los dientes. El desconocido partió luego tan sigilosamente como había llegado; pero aquellas palabras cabalísticas fueron rodando de boca en oreja entre el millar de campesinos de La Rinconada afiliados a la CNT y a la FAI. A medida que avanzaba la noche, la sigilosa abracadabra, débil bisbiseo al principio, fue convirtiéndose en sordo rumor, y ya en la amanecida era un torrente que rodaba estruendoso por las calles del pueblo: «¡Ha triunfado en España el comunismo libertario!».

Aún no era día cuando los grupos de sindicalistas y anarquistas se decidieron a actuar. Lo primero era armarse. Los grupos fueron, uno por uno, a las casas cuyos vecinos tenían armas. Los levantaban de la cama, encañonándoles con sus escopetas de caza, y les planteaban sucintamente el dilema en que el nuevo estado de cosas al parecer les colocaba:

—Ciudadano —les decían—, ha triunfado el comunismo libertario; mandamos nosotros; las armas que tienes debes entregárnoslas. Si aceptas el nuevo régimen, coge tu escopeta y vente con nosotros a defenderlo. Si no lo aceptas, verás lo que te espera.

Los más valientes entregaron las armas, pero se quedaron en sus casas; los más tímidos se fueron con el nuevo Poder público, representado por los directivos de la FAI. En una calleja que da al campo, los nuevos gobernantes, que ya iban todos armados de escopetas de caza, hachas, palos y lanzas, se tropezaron con un guarda jurado del Ayuntamiento, que, con el sombrero ancho calado hasta las cejas y la culata de la tercerola bien afirmada sobre el cuero de la bandolera, se negaba a servir al Poder nuevo.

—Treinta y ocho cartuchos tengo —dijo—, y estoy dispuesto a aprovecharlos. No entrego el arma.

Hubo capitulación. El guarda jurado pudo irse a su casa. Si no se rendía al comunismo libertario, él se lo perdería. Por tan poca cosa no era imprescindible proporcionar un día de luto al pueblo de La Rinconada...

El grupo director de la revolución fue luego a casa del alcalde, que se encontraba deliberando con los concejales, y los hicieron prisioneros. El alcalde, enfermo, quedó con guardias de vista con su casa por cárcel; los concejales, custodiados por los voluntarios que se prestaron a ser los primeros guardias de asalto del anarquismo, fueron conducidos a la cárcel a través de las calles. Pero en el camino surgió el primer conflicto entre la teoría y la práctica revolucionaria. Sindicalistas y anarquistas se enredaron, en la vía pública y a presencia del pueblo soberano, en una enrevesada disputa sobre la táctica de sus partidos... ¿Podrían los comunistas libertarios convertirse en carceleros y guardianes?... Para que haya presos es preciso que existan carceleros, y aquellos concejales del ominoso régimen burgués tenían que ser cautivos e inutilizados. Alguien propuso matarles; pero ello pareció excesivo. ¿Qué hacer? Si los encarcelaban, el comunismo libertario empezaba a convertirse, desde aquel punto mismo, en comunismo del Estado, y aparecía la odiosa dictadura del proletariado. ¿Qué camino seguir? Alguno dio con la fórmula. ¿No somos comunistas libertarios? Pues libertémosles al punto. Y en medio de un gran júbilo lo pusieron en planta y los dejaron escapar... e ir a Sevilla a dar aviso.

La primera hora de triunfo del comunismo libertario en La Rinconada pasose en estos tiquismiquis. Era media mañana cuando el pueblo sindicalista llenaba la plaza blandiendo los viejos mosquetones, los revólveres, las hachas y los chuzos. A la cabeza de la manifestación una docena de mujeres, también armadas y con sus simbólicos pañuelitos de seda roja y negra al cuello, también armaban la garata... Lucía un gran sol mañanero y el júbilo se desbordaba como en los días de feria. El pueblo irrumpió en las casas consistoriales e izó valientemente en el tejado la negra y roja enseña. Después...

Después los revolucionarios se quedaron perplejos. Habían efectuado sencillamente, jubilosamente, lo que en la jerga revolucionaria se llama «la toma del Poder». ¿Qué les quedaba por hacer ahora! No lo sabían de cierto.

He estado en La Rinconada, preguntando vecino por vecino qué es lo que hizo el comunismo libertario durante las cinco horas de su mando, y no he podido averiguarlo. Parece que, aparte de gritar, no hicieron nada. Nada tenían que hacer. Un rumor sospechoso, de origen reaccionario, dice que se proclamó el amor libre y que incluso se practicó en la persona de una matrona de la localidad; pero he tenido ocasión de ver en la plaza a la presunta víctima y no puedo creerlo. La verdad es que no tenían nada que hacer. La única dificultad que les había salido al paso era, en verdad, insuperable: los civiles. Atrincherados en su casa cuartel, cuando fueron a pedirles que entregaran el armamento, se negaron a ello. Fue tan rotunda la negativa que los revolucionarios optaron por dejarles aislados y ¡allá con su ceguera! No era cosa tampoco de provocar una carnicería.

Y así, con estos islotes de incomprensión, el comunismo libertario se expandió por las calles de La Rinconada, libre e independiente, hasta las tres de la tarde, en la más paradisiaca de las inacciones.

Eso sí, cuando llegaron las fuerzas de Sevilla, los anarcosindicalistas, que habían tomado las entradas del pueblo, recibieron a tiros a los guardias. Luego lo pensaron mejor. Sin duda, les había engañado el misterioso viajero de la noche anterior. Por lo visto, no había triunfado en España el comunismo libertario. Cada cual escapó por donde pudo. Los guardias fueron cazándoles por los sembrados y por los pueblos inmediatos. La cárcel de La Rinconada está llena de muchachos atónitos y de muchachitas revoltosas, con sus pañuelos de seda roja y negra al cuello, que no se explican bien por qué están presos. «No hemos hecho mal a nadie», dicen. Y es la verdad. Pasaron por el Ayuntamiento y no rompieron un papel, ni tocaron un mueble, ni se llevaron un céntimo, a pesar de que en la caja había, tentadoras, lo menos siete mil pesetas. No hicieron nada. Es la verdad. Pero si en el Código Penal de la República hubiera castigo para la tontería, la estupidez y la incultura, debieran condenarlos a cadena perpetua. Por tontos. Nada más que por tontos. Así aprenderían a recibir a todos esos personajes misteriosos que por pueblos y aldeas de Andalucía van diciendo a los sencillos campesinos esas palabras cabalísticas que, cuando no se trata de gentes de buenos sentimientos, como en La Rinconada, siembran la muerte y la desolación. Como fue acontecido en Castilblanco...[1]

1. En referencia a lo ocurrido durante la «semana trágica». Como ya se ha observado en la introducción a la primera de las crónicas aquí reunidas, dicha semana comenzó el 31 de diciembre de 1931 con los sucesos de Castilblanco (Badajoz), donde el enfrentamiento entre campesinos de la localidad y la Guardia Civil se saldó con el linchamiento y la muerte de cuatro miembros del cuerpo armado.

DIEZ MIL COMUNISTAS
Los enemigos de la República, I
Ahora, 18 de enero de 1933

¡Los extremistas! Unos hombres dispuestos a matar o a hacerse matar sin que se sepa exactamente por qué; por pura y con natural disconformidad. Embestidas desesperadas contra el Poder público. Choques sangrientos de unos núcleos revolucionarios con la Guardia Civil. Esto es todo lo que a través de las referencias de los periódicos llega a la gran masa de opinión española, tan ajena e ignorante de lo que ocurre en España como si se tratase de sucesos desarrollados en un país balcánico o en una república suramericana. Se ha inventado esta palabra vaga del extremismo que para la pereza mental de los ciudadanos sirve de explicación taumatúrgica a todas las perturbaciones y a todos los hechos luctuosos; se habla de los extremistas como se podría hablar de la Fatalidad, el Destino o la cólera de Dios. Cuando suenan tiros metemos la cabeza bajo el ala y esperamos a ver en qué paran estas luchas de la República —es decir, de unas docenas de hombres que son ministros, directores generales o gobernadores civiles— con esa fuerza ciega que les acomete, esa especie de *Ananké* encargada de amargarles el disfrute del Poder. Aunque el símil sea viejo, no hay más remedio que recurrir a él; la gran masa de opinión española presencia desde el tendido la lucha de la República con esa bestia ciega del «extremismo» como si se tratase de una corrida de toros. Todo lo demás nos trae sin cuidado. Como si la suerte de todos, monárquicos y republicanos, pobres y ricos, de la derecha o de la izquierda, no se jugase en cada uno de estos lances.

«Tutto è convenzionale»

He visto de cerca en Andalucía uno de los últimos episodios de esta lucha. He presenciado «la toma del Poder» por los extremistas en algún pueblecito andaluz y la contracción de miedo de una gran ciudad —Sevilla— ante la amenaza de una huelga general revolucionaria. En el municipio de la aldeíta ondeaba ya la bandera roja y negra de los anarcosindicalistas y en las calles de la ciudad sonaban terroríficas las explosiones de las bombas y las pistolas de los revolucionarios. Después, no pasaba nada. Las gentes, atemorizadas un momento, volvían a salir de sus casas cuando veían en las plazas y las bocacalles los tricornios de la Guardia Civil, sin que el suceso les hubiese hecho reflexionar lo más mínimo. Entonces me echaba a buscar opiniones, a discernir actitudes, a determinar qué fuerzas sociales estaban de uno y de otro lado. ¿Quiénes son los revolucionarios? ¿Qué querían hacer? —preguntaba.

—¡Ah! Son los extremistas —me decían—. Querían hacer esta mañana la revolución social.

Y la verdad era que nadie sabía más.

Me imagino la estupefacción de un informador extranjero ante el curso verdaderamente desconcertante que tienen las perturbaciones sociales en España, y singularmente en Andalucía. A juzgar por los hechos escuetos, cualquiera que no conozca la verdad del sentimiento popular español y la preparación societaria de las masas puede asegurar que España está al borde de una pavorosa revolución social. La diferencia enorme que existe entre la apariencia y el fondo, entre lo que parece ser y lo que verdaderamente es, hace que España dé al mundo la impresión de ser un país casi anárquico, en el que un Poder público quebrantado lucha a la desesperada por contener los embates de una revolución que avanza inexorablemente. Bien está que eso lo crean los burócratas de la Profintern[1] que allá en Moscú sueñan con ver levantarse en España la primera estrella soviética de cinco puntas que ha de brillar en el firmamento de una futura Europa comunista; bueno está también que lo crean —aunque ya no de tan buena fe— los monárquicos que han cometido el error punible de hacerse la vida imposible dentro del régimen republicano y

1. La Internacional Sindical Roja (ISR), órgano de la Komintern (Internacional Comunista), que entre 1921 y 1937 tuvo como objetivo coordinar la labor sindical del movimiento comunista internacional.

no ven más tabla de salvación que la esperanza en un cataclismo. Pero no vamos a consentir que este burdo error se difunda y alcance a gentes sensatas y razonables a las que una información superficial de lo que ocurre en España puede despistar. Las intentonas de los extremistas pueden pasar de lo grotesco a lo trágico —de La Rinconada a Casas Viejas—, pero siempre dentro de una órbita de convencionalismos, dando siempre por supuesto que los sucesos sociales en España tienen una valoración distinta de la que puede dárseles en países donde el desarrollo de los problemas sociales ha sido normal. Por eso, en vez de relatar anécdotas de lo ocurrido estos últimos días en Andalucía, me ha parecido más discreto utilizar estas anécdotas explicativamente, para ver si es posible llevar a la comprensión de las gentes desinteresadas de los problemas sociales qué es lo que hay en este monstruo del «extremismo» que hemos inventado, amalgama de fermentos anarquistas, sindicalistas y comunistas que podemos poner bajo el denominador común de «los enemigos de la República».

Los comunistas de la Macarena

«¡Diez mil comunistas!». «En Sevilla van a la huelga diez mil comunistas». «El movimiento revolucionario de los diez mil comunistas sevillanos...»

Todos los días van vienen por las columnas de los periódicos estos diez mil comunistas surgidos milagrosamente a orillas del Betis, y es tal la deformación que en el escaso espíritu crítico del lector español producen las titulares gordas de los periódicos, que alguna vez uno mismo se encuentra súbitamente en colisión con el sentido común y con la neta realidad española aceptando como buenos esos diez mil comunistas sevillanos, ese fantasma multitudinario que arrastra sus cadenas por la oquedad retumbante de la prensa enemiga del régimen.

¿Diez mil comunistas? Ni diez mil, ni mil, ni ciento, ni uno siquiera. No he encontrado un solo comunista auténtico en España, y mucho menos en Andalucía. Recientemente, Moscú ha excomulgado a los cuatro líderes del comunismo español, las cuatro cabezas visibles del bolchevismo celtíbero: Bullejos, Adame, Trilla y Vega,[2] que aquí teníamos por comunistas al ciento por ciento y que atraídos a Moscú han estado retenidos por la garra imperial de la GPU,[3] que no les ha dejado volver a España mientras no les ha tenido políticamente inutilizados. Los que les han sustituido en la dirección del partido tardarán en ser excomulgados también lo

2. José Bullejos, Gabriel León Trilla, Manuel Adame y Etelvino Vega, el antiguo núcleo directivo del Partido Comunista de España, núcleo que había sido sustituido en 1932 por otro liderado por José Díaz y Dolores Ibárruri.

3. La GPU o Directorio Político del Estado era la policía secreta soviética, sucesora de la Checa desde 1922.

que tarde en echar la vista sobre ellos el insobornable ojo de Moscú.

¡Mal amo Moscú! Es el patrono más implacable para con sus servidores. Pide ante todo algo que es exactamente la equivalencia del cuarto voto de los jesuitas: la obediencia ciega. Y aquí en España, donde sólo por esta capacidad de obedecer se odia a los jesuitas, no es de creer que Moscú vaya a encontrar muchos servidores de ese tipo. Podrán confiar en que los haya —como ya digo— los dirigentes de la Unión de Repúblicas Socialistas Soviéticas, a quienes su dinero les cuestan, o los reaccionarios españoles, que los necesitan para sabotear la política republicana. Pero nadie más. No me preocupa que se haga la ilusión de que existen esos diez mil comunistas sevillanos aquel cándido ciudadano soviético que, en una tertulia de Moscú hace ya cinco años, me enseñaba triunfalmente un número de la *Pravda*[4] de aquella mañana, en el que se relataban en dos columnas de apretada prosa los episodios del asalto que por aquellas fechas daban los comunistas sevillanos a la burguesía defendida por el lugarteniente del dictador, Cruz-Conde.[5] ¿Diez mil comunistas en Sevilla? Fue aquella la primera noticia que tuve de ese fantas-

4. *Pravda (La Verdad),* periódico de la Unión Soviética, fue la publicación oficial del Partido Comunista entre 1918 y 1991.

5. José Cruz-Conde Fustegueras (1878-1939), militar y político, ocupó varios cargos de relevancia durante la dictadura de Primo de Rivera.

ma de las diez mil cabezas surgido a la sombra de la Giralda.

Pero ya por aquellas fechas todos los que habíamos seguido con un poco de atención lo que fue el trienio bolchevista andaluz —1918 a 1920—, cuando las viejas organizaciones anarquistas descubrieron alborozadas el maravilloso «hecho ruso» y se hicieron bolcheviques unánimemente, sabíamos a qué atenernos respecto de esa bolchevización súbita de Andalucía. Todo el fervor rusista de los andaluces desapareció en cuanto se enteraron de lo que era la dictadura del proletariado. Unos reóforos sentimentales de Pestaña[6] y unas apelaciones al humanitarismo de los viejos anarquistas bastaron para dar al traste con la bolchevización. De Rusia no quedó nada. Como no quedará nada de las propagandas de ahora. La ilusión de Rusia la destruye implacablemente en las gañanías de los cortijos andaluces el simple conocimiento de la vida rusa y de la ideología de los bolcheviques. Bastaba con que el Gobierno reclutase por pueblos y aldeas grupos de braceros andaluces y los mandase al país de los sóviets. Cada uno de ellos, a su regreso, sería un enemigo a muerte de la bolchevización. Esto es tan cierto que si mañana mismo, por cualquier azar, ocurriese en España lo que los comunistas en sus frases hechas llaman «la

6. Ángel Pestaña Núñez (1886-1937), líder anarcosindicalista español, fue secretario nacional de la CNT, fundador del Partido Sindicalista y diputado en las Cortes Generales.

toma del Poder», esos mismos proletarios de Andalucía y Extremadura que estos días he visto cantar las excelencias del régimen soviético, y que si les dejaran saldrían a cazar a los guardias civiles como si fuesen conejos, saldrían también entonces a cazar a tiros a los guardias rojos, como en el Cáucaso salieron los campesinos rusos a perseguir con cepos, hoces y guadañas a los comisarios del pueblo que les mandaba el proletariado industrial de las grandes ciudades. Hoy se titulan comunistas en Andalucía y Extremadura todos los que precisamente son los enemigos naturales del comunismo, los que de ninguna manera serían jamás comunistas. Masas incapaces de disciplina, que lucharían contra los comisarios bolcheviques como luchaban en el sur de Rusia las bandas de los «verdes», aquellas fuerzas de retrasados societariamente de las que en los últimos tiempos salió ese monstruoso Gorgulov,[7] que estaba contra esto y contra aquello y que por odio a los bolcheviques asesinó al jefe del Estado de una República burguesa y democrática.

La rebeldía del gañán

Pero a pesar de todo, lo sean o no, hay indudablemente en Sevilla y su provincia diez mil, veinte mil, cincuenta

---

7. Paul Gorgulov (1895-1932), doctor en medicina de nacionalidad rusa, asesinó en 1932 en Francia al presidente Paul Doumer.

mil comunistas. Ellos se lo llaman, tienen su carnet de militantes y cotizan. Claro es que a veces se llega a pueblecitos donde los directivos de la Casa del Pueblo le dicen a uno con la mayor naturalidad:

—Antes éramos del Sindicato Católico o de la Unión General de Trabajadores; después nos hicimos de la Confederación Nacional del Trabajo; pero nos cansamos de mandar el dinero de las cotizaciones a Sevilla para que se jueguearan los directivos, y nos constituimos en sindicato autónomo. Ahora nos hemos hecho de este partido de los comunistas, que parece que viene pegando.

Esto de que «viene pegando» es una de las cosas que más prosélitos del comunismo hace. El derrumbamiento de la monarquía y la aparición súbita en el mando de los pueblos de unos hombres pobres y oscuros, unos humildes trabajadores que antes eran despreciados por los señoritos y que hoy tienen en sus manos toda la fuerza que antes tenían los caciques, ha provocado en las gañanías un desapoderado afán de mando. El último gañán de Andalucía sueña hoy con mandar como manda Fulano o Mengano, que era gañán también, pero que con la República se ha rodeado de todos los instrumentos de poder del caciquismo. Estos hombres, que han despertado a la ciudadanía con el advenimiento de la República, aceptaban el mando del señorito porque era el señorito, porque lo había heredado, por una especie de derecho divino, contra el cual no cabía revolverse. Tengo la sospecha de que quizá volvieran a aceptarlo si de nuevo sintiesen sobre ellos la garra del cacique, del que lo heredaba y lo mamaba. Al que tardarán mucho en aceptar será a este alcalde o este juez municipal que era pobre como ellos. Frente a la autoridad republicana, todas las rebeldías, todas las violencias que no osaron nunca enfrentarse con la autoridad tradicional. Trátase de un fenómeno de indisciplina social que, contra lo que pueden creer los cándidos teorizantes del comunismo, no lleva en sí ni un adarme de reivindicación de clase. El gañán comunista de Andalucía no quiere que los gañanes vivan mejor, sino dejar él de ser gañán. Tener mando. ¿Por qué no? Y «se apuntan para el comunismo», que con su retórica importada ofrece el poder político a los gañanes. Si se les dijese que ese poder político no les ha servido en Rusia a los gañanes para dejar de serlo, sino para serlo irremisiblemente, cargando sobre ellos, además, la pesadumbre y la esclavitud del poder político, sin ninguna de las satisfacciones que lleva consigo el ejercicio del poder burgués, se llamarían a engaño.

Ésta es la mecánica de las rebeldías andaluzas.

Sin ir a los pueblos, en Sevilla misma, yo he encontrado a los padres de un pistolerito de diecisiete años que había caído en poder de la policía. Iban a interesarse por él. Eran dos honrados menestrales, gente de bien, trabajadora. He preguntado al padre:

—¿Por qué dejaba usted al chico que anduviese en

esos manejos criminales? Usted sabía que era pistolero. ¿Por qué no lo impedía?

El buen hombre se me quedó un poco perplejo y respondió al cabo:

—¿Qué sé yo? El chico es despejado y valiente. Quién sabe si con estos jaleos de las revoluciones se abrirá camino. En el oficio se gana tan poco. En cambio, ahí tiene usted a Dieguito —se refería a Martínez Barrio—, que con eso de las conspiraciones y la revolución lo han hecho ministro. A lo mejor el chico hacía carrera...

En el fondo...

No hay más que esto en el comunismo andaluz. Todo lo demás cabe en cualquier programa liberal de justicia social, y si me apuran mucho, en los términos de la encíclica *Rerum Novarum*. Todo el prestigio de la organización comunista de Sevilla arranca de su labor benéfica en favor de los trabajadores del puerto. Sometidos tradicionalmente a la explotación inicua de los capataces del muelle, los obreros, organizados societariamente por un comunista, Barneto,[8] han creído de buena fe que es-

8. Saturnino Barneto Atienza (1894-1940), líder de los obreros portuarios, fue una de las figuras destacadas del sindicalismo sevillano en la década de 1930.

tas mejoras que ellos han conseguido, los turnos en el trabajo, los socorros de invalidez de paro, son patrimonio del programa comunista. No es extraño. ¿Es que los que predican la encíclica *Rerum Novarum* o los propagandistas de los partidos democráticos acertaron a darles esos beneficios?

Ya sé que todo esto a los comunistas enterados que hay en Sevilla les irritará un poco; pero yo espero sosegadamente a que me den la razón; no tendré que esperar más que hasta que el ojo de Moscú caiga sobre cada uno de ellos y, acusados de cualquier desviación pequeñoburguesa, les excomulgue. Entonces, sólo entonces, se darán cuenta de que no eran comunistas.

TODOS, ANARCOSINDICALISTAS
Los enemigos de la República, II
Ahora, 20 de enero de 1933

Córdoba. A medida que nos adentrábamos en las callejas del barrio de Santa Marina, las pisadas sobre las anchas losas de las aceras se iban haciendo claras, sonoras y distintas. En el silencio del conticinio, la voz de los raros transeúntes se impostaba, crecía al resonar en el ámbito de las callejuelas, y la figura humana se engrandecía a medida que las casas se achicaban y arrimaban las unas a las otras. En estas callejuelas de Córdoba, el hombre, el ciudadano, tan venido a menos, tan empequeñecido, en medio de las grandes vías urbanas, recobraba su importancia, la enorme importancia de ser hombre. La figura humana plantada en medio de la calleja estrechita, con el cielo estrellado encima mismo de la cabeza, el cielo casi por montera, tomaba un realce impresionante y sus ademanes adquirían súbitamente dignidad y trascendencia.

Entonces surgió el primer anarcosindicalista.

Estaba, detrás de una cortinilla de junco, en el patiezuelo de una tabernita, ante un «medio de a veinte». Una triste sombra de mendigo que andaba arrastrándose junto a las paredes había levantado tímidamente la cortinilla y le pedía una limosna. El primer anarcosindicalista, muy plantado ante su vaso de vino de Montilla y su coro de amigos, reprendía al mendigo dándole una severa lección de dignidad humana. Y con una voz clara, escuchándose a sí mismo, complacido indudablemente de sentirse tan rotundo y resonante en el ámbito silencioso del barrio adormido, le adoctrinaba en rebeldías.

—No se piden limosnas por el amor de Dios. Eso es una vergüenza.

—Tengo hambre. ¿Qué hago? —decía el triste.

—Se roba. Si tienes hambre, vete al Gran Capitán, y allí, delante de todos los señoritos de los casinos, lo dices así: tengo hambre, quiero comer, vengo a que me deis pan, por las buenas o por las malas. Vete al Casino de la Amistad y dile al «marqués de Dios» que te dé la cartera, o le sacas los redaños del cuerpo.

Y el primer anarcosindicalista hacía una pausa para dejar rodar por las callejas atemorizadas el eco apocalíptico de sus palabras altisonantes.

En la bocacalle se agigantaban también sobre la blancura del muro enjalbegado las sombras torcidas de los guardias de asalto y de sus tercerolas, cuyos cañones se alargaban inverosímilmente al ser proyectados sobre la pared.

Mentalidad anarcosindicalista

Éste es todo el anarcosindicalismo andaluz. La bravata impresionante de los que, teniendo la suficiente sensibilidad para percibir la injusticia social, son incapaces de una reacción inteligente, de una actuación social lógica, perseverante y tenaz. Virtud o vicio de nuestra heroicidad racial. Es más fácil ser héroe un día que hombre durante toda una vida. Todos esos millares de anarcosindicalistas que hay en Andalucía son capaces de plantarse un día delante de los casinos y descuartizar al «marqués de Dios» —como decía el hombre de la calleja cordobesa—, pero incapaces, absolutamente incapaces de defender hora tras hora y día tras día su dignidad humana, su condición de ciudadanos y sus derechos de trabajadores frente a los poderes arbitrarios, feudales, que les han impedido llevar una existencia digna.

Por eso todos son anarcosindicalistas, y pocos, o ninguno, socialistas o comunistas. Ésta es la verdad social de Andalucía. Todos, anarcosindicalistas. Pasarán muchos años antes de que los socialistas puedan decir, sin el resquemor de engañarse a sabiendas, que tienen alguna fuerza en Andalucía. Por azares locales y arbitrariedades de la política de campanario, es posible que la UGT controle las fuerzas proletarias de algunos pueblos; pero esos socialistas de los campos andaluces no tienen de socialistas más que el nombre, arbitrariamente adquirido en un vaivén cualquiera de las luchas aldeanas contra el caciquismo. Llámense como se llamen, no son otra cosa que anarcosindicalistas. Los llamados «obreros de la base» de Andalucía siempre entenderán mejor —aunque sean socialistas y tengan su carnet de tales— el lenguaje prosopopéyico de los delirantes propagandistas de la FAI o de la CNT que las palabras prudentes de Besteiro o Largo Caballero. Y lo mismo que a los socialistas les pasa en Andalucía con los obreros de la base a los comunistas. La única diferencia que hay es la de que, en el socialismo, los jefes (ya que no las masas) saben exactamente lo que quieren y son auténticamente socialistas, y en el comunismo, ni los jefes ni las masas saben «de qué van», como dicen los chulos. Se encuentra uno en los pueblos andaluces con dirigentes comunistas que a lo mejor han sido antes de la UP,[1] y oyéndoles hablar se ve enseguida que no es imposible que el día de mañana entren en un sindicato católico. La historia del comunismo español —no sólo andaluz— está llena de estas conversiones fulminantes, de estos quiebros patéticos de iluminados que, al doblar una esquina, se encuentran en el camino de Damasco con un padre Gafo[2] cualquiera.

1. Como ya se ha dicho en una nota previa, la UP (Unión Patriótica) fue una formación política creada por Miguel Primo de Rivera como partido único de su régimen dictatorial.
2. En referencia a José Gafo Muñiz (1881-1936), sacerdote dominico que fue además político y sindicalista.

Los revolucionarios más temibles

Esta fuerza anarcosindicalista es el enemigo más fuerte de la República. Momentáneamente, claro es. A la larga no tiene ningún valor. El movimiento anarcosindicalista lo liquidará la República en unos años, quizá ya en unos meses. Es tan absoluta y fatal su esterilidad, que si no fuese un juego demasiado inhumano y no fuese el nuestro un país excepcional, en el que todavía se da con demasiada frecuencia el iluminado, el héroe, el hombre capaz de hacer barbaridades, sería cosa de que los gobernantes burgueses lo apoyasen indirectamente o, por lo menos, no lo dificultasen demasiado, en la seguridad de que así paralizaban la acción, que cada vez ha de ser más enérgica, de las organizaciones de clase, socialistas y comunistas. Algo de esto se ha dado ya en Andalucía, donde, por necesidades estratégicas de su lucha con los socialistas, los radicales han tenido que entenderse con las Casas del Pueblo francamente anarcosindicalistas. Aunque el propio señor Lerroux no lo sepa, es más frecuente de lo que se pudiera sospechar el caso del radical con mentalidad anarcosindicalista y del anarcosindicalista que en definitiva no alberga en su fondo más que un inocuo y sentimental miembro de comité local del Partido Republicano Radical. Yo he encontrado por esos pueblos de la provincia de Córdoba anarcosindicalistas de Lerroux y hasta de don Niceto.

Esto sin contar con el otro anarcosindicalismo, el más peligroso de todos, el de los señoritos, que son «más avanzados que nadie».

Porque lo curioso de estas luchas sociales de Andalucía es su desigualdad. Frente a una fuerza destructora no hay ninguna fuerza conservadora. Los gobernantes de la República tienen que contener los embates del anarcosindicalismo sin más fuerza de que echar mano que la Guardia Civil, y sin más asistencia que la de unas docenas de personas razonables de la clase media, porque las fuerzas que debieran ser socialmente conservadoras permanecen indiferentes, y si las apuran mucho, se pasan al enemigo, unas por falta de convicciones, otras por debilidades sentimentales, otras por frívola aspiración de no quedarse atrás, otras por turbio y punible afán de derribar el régimen.

Sin perjuicio de poner el grito en el cielo cuando ven que les van a quitar los cortijos, los señoritos tienen de ordinario una actuación ciudadana completamente subversiva y anarquizante. No creen en nada de lo que representan. Yo les he oído hablar en los casinos y en los cafés y me he maravillado de su nihilismo. Creo que no existe hoy en Europa una clase social tan revolucionaria como la burguesía y la aristocracia territorial de Andalucía.

«Pour l'Espagne et le Maroc»

Pero con ser esta del anarcosindicalismo la única realidad social de Andalucía, cada vez el peligro revolucionario que la FAI y la CNT puedan representar es más remoto. Cada vez están más maduras. No nos equivoquemos por la intensidad y la desesperación de las últimas intentonas. El comunismo libertario dejó de existir hace exactamente doce días: murió en La Rinconada aquella mañana que el pueblo anarcosindicalista triunfante se planteó por primera vez el problema de nombrar sus primeros guardias de asalto y sus primeros carceleros. Esta caricaturesca afirmación tiene, con ser tan grotesca y arbitraria, un exacto sentido. Si fuera posible hacer la experiencia, valía la pena de que las clases burguesas dejasen el campo libre a los anarcosindicalistas para que hiciesen su pintoresco ensayo. La mañana de la última intentona, uno de los pocos hombres de cabeza clara que he encontrado en Andalucía le decía al dueño de una fábrica de Sevilla (que temía, acongojado, el curso que pudieran seguir los acontecimientos):

—No se preocupe usted demasiado: si esta tarde vienen los anarcosindicalistas a apoderarse de la fábrica, désela usted y márchese; estropearán un poco las máquinas, romperán algunos cristales, hasta es posible que se lleven el dinero burgués que tenga usted en la caja. Esto es inevitable. Pero márchese sin desesperarse. Tarde o temprano irán a buscarle a usted. Lo malo será el día que le pidan a usted la fábrica no los terribles anarcosindicalistas, sino los comunistas o los mismos socialistas. Entonces defiéndala usted con las uñas y los dientes, porque si se quedan con ella no se la devolverán jamás.

La CNT y la FAI, a costa de estas penosas etapas que estamos atravesando, a costa de tantas vidas inocentes y tantos daños irreparables, van liquidándose. El anarcosindicalismo, vieja aberración nacida en Centroeuropa, ha ido desplazándose desde el centro de la civilización hacia la periferia. De Francia pasó a Italia; luego, entró en España por Barcelona. Poco le queda que hacer ya en Cataluña al anarcosindicalismo. Ahora es Andalucía la que padece ésta que Lenin llamó «enfermedad infantil del obrerismo». Lo de Andalucía se acabará pronto. Dentro de poco, siguiendo su trayectoria fatal, tendremos anarcosindicalismo en Marruecos. ¡Grandes tipos de anarcosindicalistas van a ser las gentes de Abd el-Krim!

Y dentro de diez o quince años leeremos que se plantean estos pavorosos conflictos de la acción directa, el apoliticismo y el comunismo libertario, en Liberia y Dahomey.

Las almas en pena de los de Casas Viejas

Si fuera posible resucitar a los muertos de Casas Viejas, y, como niños grandes que eran, llevarles a una escuela para que aprendiesen a leer y escribir; si, después, fuera posible hacerles ir pasando por las lentas y penosas etapas que determinan en el adolescente la formación espiritual del individuo, primero, y luego, la aparición del espíritu de clase; si fuera posible que volviesen a encontrarse otra vez en colisión con el Estado, los retacos en la mano, frente a frente con la Guardia Civil, y cupiera imaginar que, conscientemente ya, sabiendo lo que querían, se hiciesen matar, ¡qué pavorosa desolación la de esas pobres almas en pena de ciudadanía al advertir que se habían hecho inmolar estúpidamente!

Esto es lo que más nos acongoja de esta tragedia de Casas Viejas. La inocencia paradisíaca de unas almas sacrificadas por la estupidez. El hecho es tan monstruoso que él solo basta para conmover los fundamentos de las más caras convicciones democráticas. ¿Vale el respeto a las normas de la democracia la pena de tolerar con los brazos cruzados que unos irresponsables que escriben artículos o pronuncian discursos incoherentes, en los que ni siquiera aciertan a expresar lo que quieren, arrastren a la muerte a unos hombres que acaso fuesen los mejores de entre todos nosotros, los más sanos, los más puros, los únicos que han sabido poner sus convicciones por encima de sus vidas?

Hay, o debe haber, un limbo para los héroes que se equivocaron, para el sacrificio estéril, para la heroicidad inútil y estúpida. ¡Descansen en él las pobres almas en pena de los héroes inútiles de Casas Viejas! Pero no contribuyamos a poblar ese limbo terrible con los mejores hombres de España. Salgamos al paso de esa propaganda criminal del anarcosindicalismo, si no con procedimientos dictatoriales de gobierno, con la fuerza democrática de nuestra contrapropaganda. Responsables de la muerte de los de Casas Viejas lo son, tanto como los propagandistas del anarcosindicalismo, los que no tienen alma bastante ni convicciones lo suficientemente firmes para alzar frente a ellos la voz de su razón. Esto lo hemos de hacer nosotros, todos; no el Gobierno. El Gobierno, el Estado, surgida la colisión, no puede hacer otra cosa que imponer con la boca de sus fusiles el cumplimiento de la ley que el pueblo a sí mismo se ha dado.

Esto será siempre igual, en el Estado monárquico que en el republicano, el socialista o el comunista.

COMUNISMO LIBERTARIO EN LA RIOJA
Etapas dolorosas
Ahora, 15 de diciembre de 1933

Tras las elecciones generales de noviembre de 1933, que dieron el triunfo a la alianza de derechas (el centro-derecha del Partido Republicano Radical, liderado por Alejandro Lerroux, y la derecha católica de la CEDA), comenzó el periodo conocido como segundo bienio de la Segunda República. El mismo día en que se abrían las nuevas Cortes, 8 de diciembre, estalló una nueva insurrección anarquista, la tercera de las lideradas por la CNT durante la Segunda República, y última de las insurrecciones destacadas de izquierdas hasta la Revolución de octubre de 1934. En esta ocasión, la huelga general revolucionaria y los actos de las milicias tuvieron como epicentro Aragón y La Rioja, y desde allí se extendieron a algunas zonas de Andalucía, Extremadura, León y Cataluña. La rebelión, que dejó un saldo de un centenar de muertos y cerca de dos centenares de heridos, apenas duró una semana, pues las fuerzas de orden público y el ejército lograron sofocarla por completo el 15 de diciembre, fecha en que se publicó en Ahora *la crónica que sigue.*

Y después, ¿qué hicieron? Cuando los revolucionarios fueron dueños del pueblo, ¿qué hicieron?

Esta pregunta la he repetido centenares de veces en cada uno de los pueblecitos de La Rioja que vivieron durante unas horas en régimen de comunismo libertario. Nadie ha sabido contestarla. Los revolucionarios no hicieron nada. No tenían nada que hacer. Y no es que se tratara de un motín ciego y sin más finalidad que la protesta airada de unas masas espontáneamente sublevadas, no. Era un movimiento revolucionario sistemáticamente producido a una hora exacta y con una organización meticulosa. Los rebeldes ejecutaron con sujeción estricta a un plan preconcebido lo que querían hacer exactamente. Querían ante todo romper con el Estado, y para conseguirlo no hubo consideración que les detuviese; primero cortaron los hilos telefónicos, interceptaron las carreteras e incluso provocaron verdaderas catástrofes al hacer descarrilar trenes, en los que iban a morir muchas inocentes criaturas;[1] luego, para llevar a cabo esta ruptura total con el Estado, asesinaron, hicieron huir o inmovilizaron a quienes en todo medio rural español son la única personificación auténtica del Estado: los guardias civiles; luego rompieron todos sus pactos estatales, haciendo grandes hogueras con los papelotes de

---

1. El 9 de diciembre, elementos anarcosindicalistas hicieron descarrilar el tren expreso Barcelona-Sevilla en el puente del barranco de El Puig (Valencia). El atentado se saldó con una veintena de muertos y medio centenar de heridos.

los Ayuntamientos, las filiaciones de los mozos para el servicio de quintas, las denuncias por pastoreo abusivo y los expedientes para la exacción de impuestos; luego le cantaron el trágala al cura y se vengaron de su influjo en el régimen burgués, quemándole la iglesia en sus propias narices; luego les quitaron las armas a todos los que, por sus cargos públicos o por su posición social, se habían de mostrar fatalmente solidarios del Estado, y luego...

Luego, cuando se sintieron, al fin, «los amos», cuando la bandera roja y negra del anarcosindicalismo ondeaba en el balcón del Ayuntamiento, se debieron de quedar un poco perplejos, y al final se fueron a dormir o se pusieron a esperar a pie firme la llegada de la fuerza pública, que habría de someterles de nuevo por las buenas o por las malas. No hicieron más. No tenían nada más que hacer. Habían matado y estaban dispuestos a morir por nada y para nada. Cuando volvieron los guardias reforzados por la tropa, alguno se hizo matar, y los otros, los más, huyeron al monte a padecer hambre y frío, acosados como lobos. ¿Para qué?

Mi obsesión de *reporter* en el lugar mismo de los sucesos era reconstruir el mecanismo ideológico que a estos hombres les ha hecho morir y matar. ¿Qué hubiera pasado si los guardias no llegan? Es imposible adivinarlo. De su «paso por el Poder» no han dejado rastro. Recuerdo ahora que en una intentona semejante llevada a cabo hace un año en un pueblecito andaluz —La Rinconada—, lo único que quedó, el único rastro que encontré de las posibilidades del comunismo libertario, fue la plena evidencia de que los anarcosindicalistas, apenas triunfantes, tenían que abandonar sus postulados más queridos, y el primero de todos, el de la abolición de los medios coactivos del Estado. La noche que los anarcosindicalistas de La Rinconada proclamaron el comunismo libertario, lo primero que tuvieron que hacer para proclamarlo fue apoderarse del representante del Estado burgués: el alcalde. Preso se lo llevaban cuando un buen militante opuso una objeción bastante razonable. No habían proclamado ellos el comunismo libertario para convertirse en guardias y carceleros. A aquel hombre no se le podía llevar preso. No había más remedio que matarlo o soltarlo. Si los comunistas libertarios de La Rinconada hubiesen sido esclavos, mongoles o beduinos, quizá hubieran degollado allí mismo al pobre alcalde republicano; pero como eran españoles —y yo creo que, por encima de todo, el ser español impone un hondo sentido humano—, se decidieron por soltarlo. Excusado es decir que el asustado alcalde echó a correr carretera adelante y se fue a contarle a la Guardia Civil de Sevilla lo que pasaba en el pueblo, para que dos horas después una docena de guardias acabaran con el comunismo libertario de La Rinconada. Algo de esto ha debido de ocurrirles a los revolucionarios de La Rioja durante las horas en que mandaron. Que no tenían nada que mandar. La perplejidad de ver sobre el terreno que sus utopías eran irrealizables debió de paralizar la acción de estos hombres de La Rioja, duros y enconados, que, siendo capaces de todo, no veían la manera de hacer nada.

Si fuera posible hacer la experiencia de dejar a los anarcosindicalistas una zona española en la que pudieran libremente actuar, era cosa de intentarlo. Es posible que cometiesen algunos crímenes; es posible que rompieran algunos cristales; es posible que se quedasen con algún dinero. ¿Y luego? Irían ellos mismos a recabar la tutela del Estado burgués o de la dictadura comunista para poder vivir. No, no hay ningún peligro de subversión del orden establecido en estas intentonas criminales. Y es lógico que así sea. Los movimientos revolucionarios no se han producido nunca en el ambiente rural; la revolución es siempre obra del proletariado organizado y dirigido por agentes intelectuales en las ciudades; los campesinos no hacen revoluciones. Esos anarcosindicalistas de La Rioja tenían —quiéranlo ellos o no— un fondo terriblemente reaccionario; al final de su experiencia, para poder vivir, para no despedazarse los unos a los otros, en vez de esa sociedad ideal con que sueñan, hubiesen terminado inventando un fascismo cualquiera. Si efectivamente hubiesen estado arrastrados por líderes obreristas de las ciudades, a quienes primero habrían tirado por la borda habría sido a esos líderes. Porque lo más cierto en ellos no era el sentimiento de solidaridad universal que predican las Internacionales obreras, sino el agudo resentimiento del vecino contra el vecino, el elemental deseo de volver la tortilla. Ninguno de esos hombres de acción que se han lanzado a pecho descubierto contra la fuerza pública a la entrada de su pueblo hubiera ido capaz de una acción revolucionaria fuera de allí; no les interesaba procurar un régimen mejor para todos, sino vivir mejor ellos. Y con este sentimiento eficaz, eficacísimo, más fuerte, si se quiere, que todas las motivaciones ideológicas, no se hacen, sin embargo, revoluciones. Llena de «motines del hambre» está la historia de Andalucía desde la Edad Media, y hasta nuestros días ha subsistido el régimen feudal de propiedad de la tierra, en nada menoscabado por esas explosiones sangrientas.

Eso es lo único que hay en el fondo del movimiento subversivo de los pueblecitos de La Rioja. La liquidación penosa del «extremismo, enfermedad infantil del obrerismo», que dijo Lenin. A los hombres de acción del anarcosindicalismo, cuando se haya deshecho en España esta anacrónica utopía, que vamos liquidando a costa de tantas lágrimas, no les quedará más que un camino abierto: el de ir a enrolarse en las escuadras del futuro fascismo. Con esos hombres se ha edificado el fascismo en todas partes. No con señoritos irritados, como cándidamente creen nuestros nacientes fascistas.

LA ORGANIZACIÓN
DEL EJÉRCITO ROJO EN ASTURIAS
Ahora, 24 de octubre de 1934

A principios de octubre de 1934, la crisis gubernamental y la posterior entrada de varios ministros de la CEDA en el gobierno de Lerroux es contemplada por la izquierda como una amenaza fascista. El día 5 del mismo mes, apenas 24 horas después de conocerse la formación del nuevo gabinete, estalla la huelga general revolucionaria, conocida como Revolución de octubre de 1934, que se prolonga hasta el día 19. Los principales focos de la rebelión son Cataluña, donde el día 6 el gobierno de la Generalidad presidido por Lluís Companys, de Esquerra Republicana, proclama «el Estado Catalán de la República Federal Española» —lo que lleva al gobierno español a decretar el estado de guerra, enviar al ejército y, tras sofocar rápidamente la rebelión, suspender la autonomía catalana— y sobre todo Asturias, donde tienen lugar los sucesos más graves. En esta región, a diferencia de lo ocurrido en el resto del país, la Alianza Obrera revolucionaria propuesta por el PSOE y la UGT, liderados por Largo Caballero e Indalecio Prieto, cuenta con la participación de la Confederación Nacio-

nal del Trabajo (CNT) y la Federación Anarquista Ibérica (FAI).

Como ya se ha dicho en la nota a la presente edición, del 5 al 18 de octubre Asturias conoce la revolución social: los mineros asturianos toman el control de gran parte de la región, ocupan fábricas e instauran un régimen socialista en las localidades dominadas por los socialistas (o los comunistas) y un régimen comunista libertario allí donde predominan los anarcosindicalistas. El gobierno responde enviando al ejército y reprimiendo la revuelta con dureza: el conflicto concluye con más de un millar de muertos, miles de heridos y cerca de 30000 detenidos.

OVIEDO, 23 (11 n.). Voy recorriendo uno a uno los pueblecitos de la zona minera de Asturias. Al borde de la carretera me paro a charlar con los mozos, que, mano sobre mano, miran recelosos el ir y venir de los convoyes militares y las camionetas cargadas de guardias. Entro en las casas cuartel de la Guardia Civil de cada pueblo, y las mujeres y chicos de los guardias me cuentan el episodio dramático del que fue protagonista cada uno. Donde me dejan, procuro hablar con los prisioneros. Donde no me dejan, interrogo a sus madres y a sus mujeres, que invariablemente gimotean y maldicen desesperadas alrededor de los cuartelillos. Al pie de los altares, humeantes todavía, los párrocos me cuentan llorando cómo ardieron las imágenes, y junto a las ruinas de sus casas devastadas aprietan los puños y rechinan los dientes los propietarios desposeídos, al referirme cómo fue el despojo.

Es una labor lenta y dolorosa. Pero lo que ha sucedido en Asturias no se sabrá con exactitud y detalle sino después de encuestas minuciosas como la que yo voy haciendo por los pueblecitos asturianos, mientras los camilleros, con la cara tapada por un pañuelo, para evitar en lo posible el hedor, van recogiendo los cadáveres que se pudren al sol en los senderos de la montaña. Lo otro, los partes oficiales con su impresionante laconismo, los relatos apasionados de los primeros momentos, las visiones alucinantes de los que se creyeron a punto de perder la vida, las referencias monstruosamente deformadas al ir pasando de boca en boca, no sirven para dar una sensación neta de lo que ha sido el levantamiento armado de los mineros.

Es cierto, rigurosamente cierto, que la rebelión ha tenido esta vez caracteres de ferocidad que no ha habido nunca en España. Ni siquiera durante la gesta bárbara de los carlistas hubo tanta crueldad, tanto encono y una tan pavorosa falta de sentido humano. Todo cuanto se diga de la bestialidad de algunos episodios es poco. Dentro de cien años, cuando sean conocidos a fondo, se seguirán recordando con horror. La revolución de los mineros de Asturias, fracasada, no tiene nada que envidiar, en punto a crueldad, a la revolución bolchevique triunfante. No creo que los guardias rojos de Lenin se echasen sobre la burguesía rusa con tan terrible ímpetu. Asturias en dos semanas ha quedado arrasada para mucho tiempo. Pasarán varios lustros antes de que pueda levantar cabeza si España entera no acude en su auxilio. Oviedo, la ciudad muerta, recuerda, apenas se entra en ella, aquellas ciudades del frente occidental devastadas por el fuego cruzado de dos ejércitos potentísimos. Más de sesenta edificios destruidos totalmente —la mayor parte de ellos, en el corazón de la ciudad— y el medio millar de muertos habido en el casco de la población y los alrededores dicen elocuentemente lo que ha sido la revolución.

Pero, con ser esto cierto, no es posible, sin embargo, silenciar que, aparte determinados episodios de ferocidad jamás igualada, que harán pasar a la historia este alzamiento como una de esas etapas en las que la humanidad retrocede a la barbarie, ha habido una gran masa humana lanzada a la revolución que ha sabido detenerse en los umbrales de la bestialidad y que incluso ha podido hacer gala en ocasiones de unos sentimientos humanitarios de los que no se les creería capaces. Para reconocer esto basta advertir, por una parte, el ensañamiento con que se han cometido algunos crímenes y, por otra, la cifra relativamente exigua de las víctimas, dado el hecho de que en muchos sitios los titulados guardias rojos han sido dueños absolutos de vidas y haciendas durante quince días.

Preveo que, en esto como en todo, la opinión española se dividirá en dos bandos igualmente irreconciliables. El de los que afirmarán que la población minera de Asturias lanzada al movimiento es una horda de caníbales y el de los que sostendrán que todo fue un juego de inocentes criaturas o, a lo sumo, de cabezas alocadas y sin responsabilidad. Para contribuir en lo posible a dar una sensación exacta de lo que ha sido la intentona revolucionaria, no encuentro más camino que el de ir acumulando testimonios para que cada cual, con arreglo a su conciencia, pueda formular su veredicto.

El más duro apóstrofe contra los revolucionarios se lo he oído a un hombre que indudablemente estuvo con un fusil en las manos disparando contra la fuerza pública. En cambio, el más explícito reconocimiento del humanitarismo de algunos rebeldes me lo hacía con lágrimas en los ojos un rico hacendado al que han arruinado totalmente. Este hombre, que se pasó diez días sitiado en una casa, desde la que estuvo haciendo fuego bravamente contra los revoltosos, mientras éstos cogían como rehenes a su mujer y a su hija y las amenazaban con ahorcarlas, me contaba cómo los guardias rojos que las custodiaban se apiadaron de ellas; cuando, a punto de llegar las tropas, los cabecillas quisieron dar muerte a los rehenes, ellos se opusieron, y por salvarles la vida lucharon con sus propios partidarios.

Hubo uno de aquellos guardias rojos que, viendo la partida perdida en el seno del comité revolucionario, se fue a la prisión y sigilosamente entregó a los prisioneros varias armas, entre ellas una ametralladora, y les advirtió:

—Quieren mataros. Defendeos con estas armas. Cuando vengan a buscaros vended caras vuestras vidas. Es la única solución. Ya os ayudaremos.

Cuartel general rojo

He comenzado mi encuesta por el frente sur, recorriendo los pueblecitos próximos al puerto de Pajares donde los rebeldes se opusieron al paso de la columna que venía de León. La lucha se desarrolló principalmente en Campomanes, Vega de Rey y Vega de Ciego; pero el cuartel general lo tenían los revolucionarios en Pola de Lena, población de la que se apoderaron fácilmente los grupos armados procedentes de Turón, Sama, Mieres y otros centros mineros de la cuenca. La Guardia Civil de Pola, sorprendida, no pudo intentar siquiera la resistencia. Se rindió, y los cuatro guardias y el cabo, en unión de los tres guardias municipales que componían toda la guarnición, fueron encerrados en la cárcel. Encarcelaron también al alcalde, y ya fueron dueños absolutos durante quince días de Pola y su comarca.

Se constituyó inmediatamente el comité revolucionario, formado por gente del pueblo, que empezó aquel mismo día a actuar. Pero el ataque de las fuerzas que habían salido de León y habían llegado hasta Campomanes, donde estaban detenidas, hizo que Pola se convirtiese en cuartel general, desde el que los revolucionarios organizaban la defensa del frente. A Pola llegaban todas las mañanas en camiones centenares de mineros, a los que allí se dotaba de armamento, se aleccionaba y se enviaba a la línea de fuego. En la plaza del pueblo se formaban las escuadras del ejército rojo. Cada grupo lo integraban treinta hombres: veintiocho combatientes y dos camilleros. Se les señalaba cuál era su puesto en el combate, y de Pola salían ya desplegados en guerrilla con dirección a Vega de Rey y Campomanes. Por la tarde se hacía el relevo. Los grupos que por la mañana habían marchado a la línea de fuego regresaban, entregaban en Pola sus armas a los comisarios y se volvían en camiones a sus pueblos para pasar la noche en sus casas hasta el día siguiente, que eran traídos de nuevo.

Los revolucionarios habían tomado las alturas que dominan este pueblo, y desde allí hostilizaban a las fuerzas del ejército.

A los dos o tres días de fuego, los grupos de mineros de Mieres, Turón y Sama que bajaban todas las mañanas a Pola para coger los fusiles y marchar a la línea de fuego empezaban a disminuir. Se veía que cada vez tenían menos ánimos. Cada día venían menos. Últimamente, los cabecillas del movimiento, en vista de que la gente les iba faltando, amenazaron con hacer una leva y llevarse a combatir a la línea de fuego a todos los hom bres, desde los dieciocho a los cuarenta años. Se constituyó inmediatamente una titulada Comisaría de Guerra, encargada de esta leva.

Mientras tanto, el comité revolucionario organizaba el titulado Estado comunista. De momento, la única tarea gubernativa consistía en requisar géneros. Empezaron mandando emisarios con vales a las tiendas; pero como los tenderos, si no se atrevían a oponerse, por lo menos ensayaban una resistencia pasiva bastante eficaz, terminaron extendiendo órdenes de requisa y llevándose los géneros a una cooperativa revolucionaria, a cuyas puertas empezaron a formarse las inevitables colas.

Pero la actividad gubernativa de los revolucionarios merece ser reseñada aparte.

DOS REVOLUCIONES EN QUINCE DÍAS
DESATADAS SOBRE LA REGIÓN ASTURIANA
Ahora, 25 de octubre de 1934

OVIEDO, 24 (11 n.). En las primeras intentonas de esta utópica revolución social que España está padeciendo no mataban a los guardias. Ni siquiera les hacían prisioneros. Ahora, ante los escombros humeantes de las casas cuartel de la Guardia Civil y los cadáveres de los guardias sacrificados, recuerdo aquellas horas de comunismo libertario en un pueblecito andaluz, La Rinconada, cuando los revolucionarios triunfantes perdían el tiempo en discutir si debían o no encarcelar a los vencidos defensores del Estado burgués, para decidirse, al fin, por soltarlos, consecuentes con sus teorías, que no les permitían convertirse en carceleros. Más tarde, cuando, después de lo de Casas Viejas, vino aquella otra intentona de La Rioja, ya entonces estaban decididos a matar a los guardias. Pero, a pesar de esta decisión, no lo consiguieron porque los guardias tenían unos fusiles y sabían usarlos certeramente. Cuando en San Asensio, Briones, Haro, Cenicero y otros muchos pueblos riojanos, los revolucionarios pusieron cerco a los cuartelillos de la Guardia Civil y aprendieron que los guardias no se rendían tan fácilmente ni sus vidas eran tan baratas como ellos habían creído, señalaron la táctica que habían de seguir en la próxima intentona los mineros asturianos. Y aprovecharon bien la lección. Los mineros de Asturias, al levantarse en armas el día 5 de octubre, iban decididos a acabar con la Guardia Civil a todo trance. Se habían provisto de cantidades enormes de dinamita, y en veinticuatro horas —cuarenta y ocho, a lo sumo— todas las casas cuartel de la cuenca minera habían sucumbido y sus heroicos defensores habían sido asesinados. Este designio de aniquilar a la Guardia Civil lo han logrado en Asturias los revolucionarios. Después…

El gobierno del nuevo Estado

Después no han tenido otra cosa que hacer. Una vez asaltados e incendiados los cuartelillos, los revolucionarios se han quedado con el arma al brazo en las plazas de los pueblos, esperando a que llegasen las tropas y les hiciesen pagar caras las vidas de los guardias.

Con la población civil han cometido grandes tropelías, indudablemente; pero, desde luego, muchas menos de las que en buena lógica podía suponerse. Me atrevería a afirmar que casi todas las víctimas de la revolución lo han sido por motivos de venganza personal pura y simple, no porque la revolución triunfante se haya dedicado a la tarea de cortar las cabezas de sus odiados enemigos de la burguesía, según reza la tradicional amenaza.

La acción gubernamental del nuevo Estado ha sido nula. Tengo la impresión de que, a pesar de los crímenes que se han cometido en Asturias, cuando los tribunales enjuicien la responsabilidad del comité revolucionario de cada pueblo se van a encontrar con que los directivos del movimiento no son responsables más que de haber expedido unos vales por kilos de pan y pares de zapatos.

Por lo visto, todo lo que tenían que hacer esos hombres, que no han vacilado ante el sacrificio de millares de vidas, era distribuir a su antojo esos papelitos con los que la gente hacía cola a la puerta de las tahonas y las zapaterías. Ha sido esto lo único que ha hecho el nuevo gobierno revolucionario, sin advertir que esta tarea era absolutamente superflua. El racionamiento de la población civil lo hicieron los bolcheviques en los primeros momentos de su revolución sencillamente porque había en Rusia una terrible escasez, y los víveres, ocultos por los especuladores desde hacía muchos meses, no podían distribuirse de otro modo. Es, sencillamente, pintoresco el complicado racionamiento de una población normalmente abastecida en las primeras horas de un movimiento revolucionario, cuando las tiendas, bien provistas, tenían sus puertas abiertas, y todo aquello respondía únicamente a un absurdo mimetismo, una grotesca simulación que convertía el movimiento en una tragicomedia bárbara.

Ya veríamos lo que hubiesen hecho los revolucionarios, que tan orgullosos se muestran de su sistema de bonos para la distribución de los víveres, cuando a los tenderos se les hubiesen acabado los géneros. De momento, mientras había pan en las panaderías y zapatos en las zapaterías, panaderos y zapateros los daban de grado o por fuerza, con la esperanza de que alguna vez acabaría aquello. Hubiera sido curioso saber qué planes tenían los comités revolucionarios de los pueblos para dar de comer a los vecinos cuando a los tenderos se les hubiesen acabado los géneros.

Rastreando pueblo por pueblo, no he encontrado más indicio de la actuación de los comités revolucionarios que éste. Las masas sublevadas asesinaban a los guardias, encerraban en las Casas del Pueblo a los representantes de la burguesía, a los que arbitrariamente trataban de fascistas; satisfacían con verdadera saña algunas venganzas personales, incendiaban tal o cual palacio o iglesia y luego se ponían a repartir bonos contra los tenderos. Al cura de La Felguera le quemaron la iglesia, y luego le mandaron cuidadosamente cada día los bonos de pan necesarios para él y para su hermana.

No sé de más decretos, ni más leyes, ni más previsiones dictadas por los comités revolucionarios de los pueblos. Y no se olvide que en la mayor parte de las poblaciones de la cuenca minera el nuevo Estado ha sido soberano durante quince días. ¿Qué hicieron durante esos larguísimos quince días de holganza los directores del movimiento?

Publicar unos encendidos manifiestos plagados de imágenes literarias lamentables, y con tal prosopopeya que parece mentira que haya habido hombres que hayan asesinado y se hayan hecho matar por tales estímulos. «Estamos creando una nueva sociedad», dice un manifiesto del comité revolucionario de La Felguera publicado el día 9. No he podido todavía encontrar un solo indicio de la gestación de esa nueva sociedad. No es que yo crea que pudiesen crearla; es que tengo la convicción de que ellos tampoco lo creían y no se molestaban en hacer nada para lograrlo. Todas las soflamas de los comités revolucionarios no contienen más que excitaciones a la lucha y recomendaciones a la población civil para que soporte las privaciones. Leyendo estos documentos, se adquiere enseguida la convicción de que los directores del movimiento revolucionario esperaban indudablemente una rara especie de benéfico maná, que había de caer sobre los pueblecitos asturianos tan pronto como todos los guardias civiles hubieran sido asesinados.

Dos revoluciones en quince días

Los quince días que los revoltosos han sido dueños de los pueblos mineros han bastado para que fracasase la primera revolución y se hiciese una segunda. La primera estuvo dirigida por los socialistas; constituidos en todos los pueblos los comités revolucionarios a base de la Alianza Obrera, formando parte de ellos, por lo general, dos socialistas, dos sindicalistas y un comunista, se empezaron a repartir los bonos de víveres, se encarceló a los representantes de la autoridad y a algunos burgueses significados, se incendió alguna iglesia y se esperó el curso de los acontecimientos en los que ellos llamaban frentes de combate. La lucha iba mal para los revolucionarios. Las columnas militares estrechaban el cerco, y los mineros, que voluntariamente iban a pelear a la línea de fuego los primeros días, empezaban a desertar. La rebelión estaba dominada en toda España y las noticias eran desalentadoras.

Los comités revolucionarios adoptaron entonces dos previsiones. Una de ellas, confiscar los aparatos de radio para que no se divulgasen las malas noticias, y otra, amenazar con levas a la población civil para que todos los hombres de dieciocho a cuarenta años fuesen a luchar contra la burguesía. Estas medidas no fueron suficientemente eficaces, y hubo unas horas de desaliento absoluto. La revolución estaba vencida.

Surgió de nuevo con más ímpetu. El centro revolucionario pasaba de las manos de los viejos militantes socialistas a las juventudes. Éstas acusaron a los primitivos comités de haber actuado con lenidad y blandura. Su primera resolución fue la de dar muerte a todos los prisioneros. A este criminal designio se opusieron entonces los revolucionarios de la primera hora. En algunos pueblos los revolucionarios del primer Comité incluso armaron a los prisioneros; en otros les hicieron escapar; en alguno, como en Sama, los escondieron en los tejados y los defendieron pistola en mano contra sus mismos camaradas. Cómo hubiese terminado aquello de no llegar las tropas es difícil de prever. Seguramente hubiesen sido víctimas de la revolución los mismos que la desencadenaron.

Hubo, pues, dos revoluciones en quince días; es decir, hubo muchas más, porque en cada pueblo los titulados guardias rojos defendían un tipo de nuevo Estado absolutamente distinto. En Sama, por ejemplo, se implantó el socialismo integral. A tres kilómetros de allí, en La Felguera, lo que triunfaba era otra cosa: el comunismo libertario.

HAY QUE PONER
LAS COSAS EN SU PUNTO
Ahora, 26 de octubre de 1934

Oviedo, 25. Las cosas en su punto. No es verdad que en Sama los revolucionarios se comieran a un cura guisado con *fabes;* no es verdad que en Ciaño despanzurraran a la mujer de un guardia civil y le hundiesen un tricornio en las entrañas; no es verdad que el cadáver de un capitán de la Guardia Civil fuese expuesto en el escaparate de una carnicería con el letrero de «Se vende carne de cerdo»; no es verdad tampoco que los revolucionarios saltasen los ojos a los hijos de los guardias civiles. Pero ¡cuidado! Es verdad que en Sama fue asesinado un sacerdote; es cierto y verdad que en Ciaño cayó muerta a balazos la mujer de un guardia civil; es verdad que un capitán de la Guardia Civil, y no sólo un capitán, sino otros varios oficiales, han sido asesinados; cierto y verdad es también que en Turón y en otros muchos pueblos los hijos de los guardias muertos por los revolucionarios estuvieron merodeando por los pueblos sin pan y sin cobijo, como gorrioncillos.

Hay que poner las cosas en su punto. No porque los revolucionarios merezcan atenuantes para sus crímenes, sino porque creo firmemente que, a la larga, todos esos detalles de barbarie, positivamente falsos, provocarán una reacción favorable a los revolucionarios. Si se ha dicho que en Sama se comieron un cura y luego resulta que no se lo comieron, sino que lo asesinaron y dejaron el cadáver abandonado dos días en una calle, parecerá que el crimen es menos execrable de lo que realmente fue. Sospecho que alrededor de si se lo comieron o no va a entablarse la batalla de la ferocidad o no ferocidad de los revolucionarios, y como al final va a comprobarse que no es verdad que se lo comieran, quiero prevenir a mis lectores contra una reacción favorable a los mineros, que no estaría justificada. Hay que prescindir de ese cartel de crimen que explica la revolución como los charlatanes explican el crimen de Cuenca. La opinión española no es, ni mucho menos, el auditorio de una plazuela aldeana. Estas versiones escalofriantes que ha acogido la prensa de toda España —nuestro periódico inclusive— han producido ya un movimiento de contracción en la opinión pública asturiana, que dificulta la misión informativa. Cuando uno llega a un pueblecito cualquiera de las cuencas mineras diciendo que es periodista, inmediatamente se ponen en guardia todos los vecinos, los de la derecha y los de la izquierda; el empeño de todos es demostrarle a uno que allí no ha pasado nada, y escamotean cualquier detalle del que pudiera deducirse un acto de crueldad. Yo he visto a caracterizados individuos de Acción Popular y aun a bizarros fascistas de Sama y La Felguera indignarse por el agravio que se hacía a aquellos pueblos al suponer que los revolucionarios habían cometido los actos de barbarie que se les han atribuido. Así se da la paradoja de que gentes de orden y de humanísimos sentimientos le digan a uno, indignadas:

—No, señor. Eso no es verdad. Asesinaron a los sacerdotes, pero nada más.

Creo que este hecho escueto del asesinato de unos seres inermes, que a la monstruosa deformación de la conciencia colectiva parece hoy sencillísimo, poco menos que natural, es ya de por sí bastante.

La crueldad suficiente

Como buenos teorizantes del marxismo, los cabecillas de la revolución practicaron lo que ellos llaman «la crueldad suficiente». Asesinaron sin piedad a los guardias civiles porque, dado el espíritu de este cuerpo, necesitaban asesinarlos para tomar ellos el Poder. No asesinaron a más gente porque no era necesario. Este es su punto de vista. Una vez dueños de la situación en toda la cuenca minera, no se produjeron más crímenes; no los necesitaban para entregarse a aquella tarea de los vales y las requisas a la que se dedicaron.

Pero a los cuatro o cinco días de haberse instalado en los Ayuntamientos o en las Casas del Pueblo los comités revolucionarios hubo un momento de crisis en la revolución. España no secundaba el movimiento; las tropas venían; Oviedo resistía aún. En este instante, el día 11 o el 12, los primitivos Comités revolucionarios se consideraron derrotados e iniciaron la desbandada. Acto seguido apareció en primera fila la fuerza revolucionaria de las juventudes, que tomó de las manos de los viejos dirigentes las riendas del movimiento. Estas juventudes, trabajadas por una propaganda soviética intensísima, conocían al dedillo la casuística de la táctica revolucionaria comunista y, según sus patrones rusos, fielmente seguidos, determinaron que era llegado el momento de salvar la revolución por el terror. Decretaron, pues, el terror, y la primera medida a ponerse en práctica, según sus textos, era el fusilamiento de los rehenes tomados a la burguesía. Tengo la impresión de que así se dispuso, no sé si por una orden superior o por tácito acuerdo de los nuevos comités de cada pueblo. Del 12 al 13 de octubre, si los revolucionarios hubieran sido esos autómatas de la revolución que ellos creían ser, hubieran perecido en Asturias centenares de seres inocentes. Pero, felizmente para España, la calidad de español es todavía más fuerte que ese ciego doctrinarismo marxista que convierte a los hombres en autómatas. Cuando, según rezaba la tabla revolucionaria, los rehenes debían haber sido ejecutados, surgieron unos centenares de revolucionarios en los que fue más fuerte el sentido nacional de lo humano que el sometimiento a una táctica implacable, y se opusieron a que aquellos horrendos crímenes se perpetraran. Conozco detalladamente el curso de este episodio de la revolución en diez o doce pueblos. Los miembros del primer comité luchan con los del segundo para salvar la vida de los prisioneros. En todos los pueblos lo consiguen, menos en uno, en Turón, donde la inhumana sentencia se cumple inexorablemente, y los rehenes —el director de la mina, unos capataces, unos religiosos y unos militares— son fusilados fríamente junto a las tapias del cementerio. He hablado largamente con el sepulturero de Turón.

«El día antes —me dice— me llamaron los del Comité y me ordenaron que cavase unas fosas y las tuviese abiertas. Uno es sepulturero y su obligación es cavar las fosas que le manden. Yo estuve cavándolas, como era mi deber, y no quise meterme en más. De madrugada vinieron a buscarme a mi casa para que fuese al cementerio con las llaves, abriese y diese sepultura a unos cadáveres. Yo no podía negarme; me mandaban a hacer mi trabajo. Allí, junto a la tapia, estaban los muertos. Los cogí, los enterré y me fui a dormir. Esto es todo.»

¡Qué esperanza!...

El caso de Turón pudo ser el de cada uno de los pueblos de la zona minera, y a estas horas Asturias entera —no este pueblo ni el otro— sería vergüenza y dolor de España y del mundo. No ocurrió así por una serie de circunstancias providenciales. Principalmente por lo que yo creo más importante de todo: el sentido de humanidad que tiene el pueblo español, revolucionario o no. Luego porque, a pesar de cuanto se viene predicando en contra, no es creíble que estén agotadas todas las posibilidades de humana convivencia entre los de arriba y los de abajo, los pobres y los ricos, los burgueses y los proletarios, como ellos dicen. Los jefes revolucionarios que lucharon contra sus propios secuaces para salvar la vida de los prisioneros no lo hacían románticamente, como puede creerse, ni por un impulso caballeresco de defender al débil —seamos también materialistas—, sino porque no habían perdido todavía la esperanza de que en un mismo lugar puedan convivir en lo sucesivo los de un bando y los de otro, los que quieren provocar una utópica revolución social y los que tienen el deber de cortarle el paso. En medio de la ferocidad de la lucha, esta débil esperanza es la que ha evitado que Asturias se anegase en sangre.

LO QUE NO DEBE
QUEDAR VIVO BAJO LOS ESCOMBROS
Ahora, 27 de octubre de 1934

Ojeo en el monte

OVIEDO, 26. Tan pronto como entró en Oviedo la columna de López Ochoa, toda Asturias quedó definitivamente pacificada. Antes de que llegasen las tropas a los centros mineros, los revolucionarios se dieron por vencidos. Fueron a las Casas del Pueblo, donde aún tenían encerrados a sus prisioneros, y les dijeron:

—Nos han derrotado. Podéis marcharos a vuestras casas.

En algún lugar —cito concretamente el caso de Turón, donde más horrendos crímenes se cometieron—, los últimos guardias rojos dejaron de lado por primera vez las armas homicidas y abordaron a sus presos, procurando humanizar el tono. Uno de ellos les alargó con tímido ademán de cordialidad unos cigarros:

—Pronto estaréis en libertad. Mañana llegan las tropas.

—Mañana —replicó uno de los presos, rebosante de explicable rencor— os tocará el turno a vosotros.

—Mañana ya no estaremos aquí —contestó el guardia rojo alzando los hombros.

—Ya os darán caza.

—Puede. Todo depende de que se tenga o no un poco de suerte. El que cojan pagará. Los que escapemos podremos esperar a que llegue la nuestra. Algún día llegará.

Con esta fría conformidad, de la que unánimemente participan vencedores y vencidos, se separaron unos y otros. Una hora después los infelices presos asomaban temerosos a la puerta entreabierta de su prisión. No se oía un ruido en todo el pueblo. El alerta de los guardias rojos que durante quince días les tuvo sobrecogidos había cesado al fin. Entre las sombras, pegándose a las paredes, volvieron a sus casas. En las afueras del pueblo sonaron unas descargas. Eran los revolucionarios fugitivos que gastaban sus últimos cartuchos antes de enterrar en la maleza del monte sus fusiles. Cuando amaneció, la falda del monte se los había tragado.

A media mañana, los que no estaban directamente comprometidos, los que tenían la esperanza de poder eludir la responsabilidad, los que no habían sido vistos, los que procedieron con cautela, todo el pueblo, en fin, estaba en sus puestos, cada cual atento a su quehacer, esperando a las tropas como si tal cosa. Tenían una esperanza: la de que no fuesen los Regulares los primeros que aparecieran...

Los fugitivos

Éste ha sido el final de la revolución en casi todas las cuencas mineras de Asturias. Desde el momento en que se libró a Oviedo de su martirio, se ha podido transitar libremente por todas las carreteras y llegar sin peligro alguno hasta la entraña de los poblados mineros. A los cabecillas de la rebelión, a los que cometieron los asesinatos y desvalijaron los comercios, se los ha tragado la tierra. Huyeron a Castilla, según dicen. Nadie ha vuelto a saber de ellos.

En Nava me dicen hoy que el núcleo de revolucionarios fugitivos ha sido visto. Las confidencias señalan su presencia en las abruptas cimas de Peña Mayor. Dícese que van en masa, formando una tropilla de cincuenta o sesenta hombres armados, a los que acompaña todavía una mujer, amante de uno de ellos, que, con el mosquetón al hombro, ha querido seguirles. Con ellos están los cabecillas de la rebelión en todos los poblados del Concejo: el Poeta, el Lilo, el Quemao, los autores y los responsables de todas las depredaciones, al decir de los que se han quedado.

Ayer los aviones estuvieron pasando y repasando por encima de Peña Mayor y bombardeando algunos repliegues de la abrupta montaña. Esta mañana ha salido una columna de infantería a ojear el monte. Voy tras ella, y un poco más allá de Bimenes encuentro a la tropa. La columna se divide, y por ambos lados de la montaña los soldados van rodeándola. Tardarán dos o tres días en ojear la vasta extensión de Peña Mayor.

Me he quedado charlando con las mujerucas de una de estas aldeas miserables de la montaña.

—¿Los encontrarán? —pregunto.

—¡Qué van a encontrar! —dice una—. En la montaña no hay nadie.

—Dicen que los han visto.

—Habrán visto visiones.

Mi acompañante me hace señas discretamente, y más tarde me advierte:

—En estos poblados mineros procurarán despistar a la fuerza, porque son precisamente los familiares de estas gentes los que están en el monte. Aparte de esto, creo que la batida de Peña Mayor será infructuosa. Los rebeldes, si los hay, no harán frente a la fuerza. Aplastados en los maizales o escondidos en las breñas, dejarán pasar a su lado a los soldados sin dar señales de vida. Creo, además, que es posible que en el monte no haya nadie. Los fugitivos no se alejarán mucho de estos parajes. Allí arriba no hay medios de vida. Las cabañas donde pueden buscar refugio serán destruidas rápidamente por la aviación. De haber algún revolucionario por estas tierras no estará allá en lo alto, sino aquí, cerca, al borde del camino, a poca distancia de su casa, donde su mujer pueda ir a llevarle, fácilmente y sin infundir sospechas, ropa y comida. Por la mañana verá usted muchas mujeres que suben a la falda del monte. Van a recoger la leche a las majadas. ¿Quién puede decir que en un recodo del camino no está el hombre fugitivo esperando el pan, la manta o la cántara de leche que necesita para resistir oculto indefinidamente?

Lo que no puede ser

La rebeldía está aniquilada. No hay que temer ningún brote de la actividad revolucionaria. Me atrevería a asegurar que en ningún rincón de Asturias se producirá en mucho tiempo el menor choque. Las partidas de revolucionarios fugitivos que andan por los montes se irán disgregando, sin afrontar en ningún caso un encuentro con las fuerzas, y teniendo buen cuidado de cometer tropelías que señalen su paso.

Pero esto no quiere decir que los revolucionarios, vencidos por la fuerza de las armas, se consideren moralmente vencidos, que sería lo único que acabaría definitivamente con esta pesadilla de la utópica revolución social, que desde hace tres años sacude a España estúpidamente. Ese ademán del guardia rojo que, al darse por vencido, tiende un cigarro a su enemigo, y le despide diciendo «otra vez será», no es posible. Tengo a la vista los manifiestos editados el día 18 por el Comité Provincial Revolucionario de Asturias y por algunos comités locales, en los que se leen frases como éstas: «Estimamos necesaria una tregua en la lucha, deponiendo las armas en evitación de mayores males...»; «es un alto en el camino...»; «nos creemos, por el momento, vencidos, pero no eliminados para continuar actuando y laborando para un golpe más certero...»; «rendidas por completo las fuerzas de combate y agotada la munición, nuestra única misión es deponer por un tiempo prudencial nuestra actitud y seguir en la siembra, laborando y abonando...».

No, esto no puede ser. A que no sea debe tender desde ahora mismo la acción del Gobierno, de éste y de todos los que puedan sucederle, de la derecha y de la izquierda, de Fulano o de Mengano. Esto, no.

Cuando escribo tengo a la vista el pavoroso aspecto de las calles céntricas de Oviedo. Da la impresión de una ciudad en ruinas, devastada por un ejército invasor o un seísmo espantoso. Manzanas enteras de soberbios edificios se han venido abajo por la explosión de toneladas de dinamita. ¿Cómo ha sido posible que esto llegara a producirse? ¿Es que va a ser posible otra vez algún día?...

EL MARTIRIO DE OVIEDO
BAJO EL IMPERIO DE LA DINAMITA
Ahora, 28 de octubre de 1934

OVIEDO, 27. No creo que haya habido una ciudad en la que una revolución haya hecho tantos destrozos como la rebelión de los mineros ha causado en Oviedo. Las referencias que se tienen de la lucha revolucionaria en las calles de Petrogrado y Moscú en 1917, de las devastaciones de la guerra civil en Ucrania y de las revoluciones comunistas en Alemania y Hungría no acusan un porcentaje tan elevado de edificios destruidos, de tesoros artísticos perdidos y de vidas humanas sacrificadas. Costó mucho menos implantar el bolchevismo en las calles de Moscú de lo que ha costado a Oviedo resistir a los mineros. Aquellos famosos diez días «que conmovieron al mundo»[1] fueron positivamente menos espantosos que los diez días de la revolución en Oviedo.

Este *record* de destrucción lo explica sobradamente una cosa: la dinamita. Las cantidades de dinamita de que

1. Alusión a *Diez días que conmovieron al mundo (Ten Days that Shook the World),* el célebre libro en el que el periodista estadounidense John Reed ofreció una crónica de los acontecimientos de la Revolución rusa de octubre de 1917.

han dispuesto los revolucionarios son fabulosas. En cualquier rincón de Asturias, en la última aldehuela, aparecen todavía camiones cargados de toneladas —así, toneladas— de dinamita. Si toda ella la hubiesen utilizado, no habría quedado en Oviedo piedra sobre piedra. Quince días después de la revolución, los valles de Asturias siguen retumbando pavorosamente por las constantes explosiones de los depósitos de dinamita que los artilleros van poco a poco inutilizando.

Esto es lo inconcebible. Cuando llegue la hora de aquilatar las responsabilidades últimas de lo ocurrido en Asturias, esta de la dinamita será una de las que más estrechamente deberá depurarse. La gente se preocupa de los alijos de armas, de las compras de fusiles en el extranjero y de los saqueos de las fábricas militares; pero acepta como un hecho lógico y natural que los mineros tuviesen esas cantidades ingentes de dinamita, olvidando que el martirio de Oviedo no hubiera sido posible sin las reservas de explosivos de que disponían los revolucionarios.

La dinamita, además, en manos de una gente que tiene por oficio el manejarla, es un arma de una eficacia combativa incalculable. A los pelotones de guardias rojos que salían de la cuenca minera en dirección a Oviedo se les entregaban fusiles y cartuchos; pero la verdad es que de poco o nada les sirvieron. Basta apreciar los efectos del tiroteo en las fachadas. Cuando se encuentra una casa cuyas ventanas están enmarcadas por los impactos, mientras que el resto de la fachada permanece intacto, ya se sabe que allí estaban refugiados los rebeldes y que contra ellos han tirado los soldados o los guardias. Cuando, por el contrario, se ve un muro acribillado a balazos por todas partes menos por los contornos de los huecos, ya se sabe: contra esta pared tiraban los revolucionarios.

El fusil no les ha servido de nada. En los tres primeros días de asalto a Oviedo, los guardias rojos dispararon al aire millares y millares de cartuchos sin hacer un solo blanco. El día y la noche se los pasaban consumiendo los peines de balas que les entregaban para cada guardia. Se calcula que en los ocho días han disparado cuatro millones de cartuchos. Así se explica que ya al final tuvieran que rendirse por falta de municiones, sin haber podido acallar los disparos de los soldados y los guardias, que, refugiados en la catedral, el cuartel de guardias de asalto, la cárcel, el cuartel de Pelayo y los cuatro o cinco puestos estratégicos, estuvieron haciéndoles constantemente un fuego mortífero. Los mineros no sabían manejar más arma que la dinamita, y con ella consiguieron sus únicos triunfos. Expertos conocedores de las propiedades del explosivo que a diario manejan, lo utilizaban con una eficacia sorprendente. Los ataques a la dinamita fueron terribles. Avanzaban hacia las fuerzas de asalto que, con el fusil echado a la cara, les cortaban el paso. Yendo a pecho descubierto, con el cinto lleno de cartuchos de dinamita y el cigarrillo para irlos prendiendo en los labios, tiraban un cartucho, y como sabían medir exactamente su fuerza explosiva, se retiraban sólo lo estrictamente indispensable, mientras el adversario huía aterrorizado, perdiendo posiciones; apenas sobrevenía la explosión, saltaban sobre el lugar mismo donde se había producido y, envueltos en la humareda, avanzaban un poco más para lanzar otro cartucho y otro y otro. Aquellos diablos perdidos en el humo denso de las explosiones ganaban terreno en el cuerpo a cuerpo con los defensores del orden, que tuvieron que replegarse a los puestos estratégicos, donde resistieron el asedio hasta que llegaron las tropas.

En cambio, cuando los dinamiteros se vieron forzados a sostener el tiroteo con los reductos de la fuerza pública, fracasaron. No consiguieron apenas hacer bajas a los servidores de las ametralladoras que les estuvieron friendo. Días y días, los guardias rojos, parapetados frente a la catedral, con el inútil fusil entre las manos, estuvieron viendo cómo los guardias y los soldados les iban cazando poco a poco, sin que pudieran avanzar un paso.

Su rabia, su impotencia, les hizo volverse entonces contra la ciudad, que tenían inerme en sus manos, pero de la que no podían ser los amos mientras subsistiesen aquellos reductos desde los que la fuerza pública les fusilaba a mansalva. Entonces empezó la destrucción sistemática de edificios. Con cualquier pretexto, por una supuesta necesidad de estrategia, por represalias fundadas en que desde allí se disparaba, metían un barreno en los muros y hacían volar el edificio. Otros los rociaban con gasolina y los incendiaban también por medio de la explosión de cartuchos de dinamita. La fuerza pública, para aislarse y mantener la defensa, tuvo que coadyuvar a la destructora tarea. El teatro Campoamor lo incendiaron los guardias de asalto para que no se les echasen encima desde él los revolucionarios.

Manzanas enteras de soberbios edificios se abatieron. De ellas no quedan más que informes montones de escombros o negros paredones que amenazan desplomarse. La traca final fue la voladura del edificio del Instituto, llevada a cabo por los rebeldes cuando ya se sentían derrotados. Una tonelada de dinamita sacudió las entrañas de Oviedo y escupió al cielo aquella ingente mole.

Este cataclismo pudo ser un simple episodio. Con la dinamita que a los mineros sublevados les ha sobrado después de rendirse, tenían para haber volado la ciudad entera.

Que esto haya sido posible es lo que no se concibe. El mundo se horrorizaba antes cada vez que se hablaba de aquellos dinamiteros clásicos cuya sola evocación ponía pavor en todos los ánimos. Eran unos hombres terribles que andaban ocultándose en las entrañas de las ciudades con un paquetito de tres kilos de dinamita bajo el brazo. Cuando ahora, aquí en Asturias, me llevan una vez y otra a los garajes y a las bocaminas donde hay camiones cargados con toneladas y toneladas de dinamita de la que ha sobrado a los rebeldes, me acuerdo de aquel infeliz terrorista de las novelas rusas al que perseguía implacablemente la sociedad considerándose seriamente amenazada por su paquetito de explosivo. En cambio, estos mozos insensatos, que manejaban diariamente cajas enteras de dinamita, debieron parecer a las autoridades unos inofensivos aficionados a los fuegos artificiales. De no haber sido así, lo de Oviedo no se comprende.

Yo no sé cómo puede evitarse que los mineros tengan la dinamita que se les antoje en un momento dado; pero estoy absolutamente seguro de que si se quisiera, se evitaría. Lo contrario es resignarse a que una ciudad, una región, un país entero estén a merced del coraje de unos millares de mineros arrastrados por una estúpida propaganda revolucionaria.

LA LIBERACIÓN
DE ASTURIAS CONTADA
POR EL GENERAL LÓPEZ OCHOA
Entrevista de Manuel Chaves Nogales
Ahora, 28 de octubre de 1934

Tras el estallido de la revuelta, el Consejo de Ministros designó al general López Ochoa, republicano y masón, como responsable de ejecutar las operaciones militares sobre el terreno. Partiendo de Galicia y avanzando por uno de los cuatro frentes abiertos, y con el objetivo de minimizar el derramamiento de sangre, el general logró tomar Oviedo y alcanzó un acuerdo con uno de los líderes mineros, Belarmino Tomás. Dicho acuerdo enfureció a José María Gil Robles, líder de la CEDA, al general Franco, director de las operaciones desde Madrid, y al teniente coronel Yagüe, quien había desembarcado en Gijón con las tropas coloniales marroquíes y la Legión, sembrando el terror mediante el saqueo, las violaciones y las ejecuciones sumarias. De hecho, las discrepancias entre el teniente coronel Yagüe y el general López Ochoa llevaron al primero a amenazar al segundo con una pistola.[1] Meses más tarde, el general Ochoa le refirió

---

1. Véase, por ejemplo, P. Preston, *El holocausto español*, Debate, Barcelona, 2011, p. 133.

a Juan Simeón Vidarte, vicesecretario general del PSOE, los problemas que había tenido para contener los actos criminales de las tropas coloniales (las palabras del general las recoge el propio Vidarte en su obra El bienio negro y la insurrección de Asturias):

> *Una noche, los legionarios se llevaron en una camioneta a veintisiete trabajadores, sacados de la cárcel de Sama. Solo fusilaron a tres o cuatro porque, como resonaban los tiros en la montaña, pensaron que iban a salir guerrilleros de todos aquellos parajes y ellos correrían peligro. Entonces procedieron más cruelmente, decapitaron o ahorcaron a los presos, y les cortaron los pies, manos, orejas, lenguas, ¡hasta los órganos genitales! A los pocos días, uno de mis oficiales, hombre de toda mi confianza, me comunicó que unos legionarios se paseaban luciendo orejas ensartadas en alambres, a manera de collar, que serían de las víctimas de Carbayín. Inmediatamente le mandé que detuviese y fusilase a aquellos legionarios, y él lo hizo así. Este fue el motivo de mi altercado con Yagüe. Le ordené, además, que sacara a sus hombres de la cuenca minera y los concentrase en Oviedo, bajo mi vigilancia, y le hice responsable de cualquier crimen que pudiera ocurrir. Para juzgar a los rebeldes estaban los tribunales de justicia. También me llegaron las hazañas de los Regulares del tabor de Ceuta: violaciones, asesinatos, saqueos. Mandé fusilar a seis moros. Tuve problemas, el ministro de la Guerra me pidió explicaciones,*

muy exaltado: «¿Cómo se atreve usted a mandar fusilar a nadie sin la formación de un Consejo de Guerra?». Yo le contesté: «Los he sometido al mismo Consejo de Guerra al que ellos sometieron a sus víctimas».²

La actuación del general López Ochoa no impidió que la izquierda lo contemplase como «el verdugo de Asturias» y lo responsabilizase de la cruel represión. En agosto de 1936, un mes después del golpe de Estado que dio comienzo a la guerra civil, el general, detenido e internado en el hospital militar de Carabanchel, fue sacado de la cama por un grupo de milicianos incitados por la turba, o por la propia turba (la versión varía según las fuentes), llevado al cerro Almodóvar y ejecutado. Después, se paseó su cabeza, ensartada, por las calles de Madrid.³ Se había desatado definitivamente la «vieja fiebre cainita», esa bajo cuyo efecto «idiotas y asesinos… [actúan] con idéntica profusión e intensidad en los dos bandos»,⁴ y que llevaría meses después a Chaves Nogales a abandonar España y partir al exilio en Francia.

2. J. S. Vidarte, *El bienio negro y la insurrección de Asturias*, Grijalbo, Barcelona, 1978, pp. 360-362. Y P. Preston, *El holocausto español, op. cit.*

3. Véanse, por ejemplo, G. Ranzato, *El gran miedo de 1936*, La Esfera de los Libros, Madrid, 2014, p. 11, y P. Montoliú, *Madrid en la Guerra Civil*, vol. I, Sílex, Madrid, pp. 90-91.

4. M. Chaves Nogales, «Prólogo», en *A sangre y fuego. Héroes, bestias y mártires de España* (1937), Página Indómita, Barcelona, 2025, p. 14.

* * *

—¿*Con cuántos soldados entró usted en Oviedo, general?*

—Con trescientos soldados bisoños y unas ametralladoras.

—¿*No era temerario?*

—No lo sé. Mi misión era entrar cuanto antes en Oviedo y la cumplí con el menor número de bajas posible.

—*Acaso —le agrego— se pudo esperar a que hubiesen desembarcado más contingentes de fuerza y se hubiesen formado fuertes columnas, que habrían batido sin peligro a los rebeldes.*

—No creí oportuno esperar. Dos horas de retraso hubieran sido acaso suficientes para que la guarnición de Oviedo hubiera tenido que rendirse, y entonces la reconquista hubiese costado mucha más sangre, muchísima más.

—*Sus trescientos hombres, general, pudieron haber sucumbido.*

—Mis trescientos hombres y yo corrimos el riesgo que se corre en toda acción de guerra. Las virtudes militares hay que medirlas por sus resultados. Para mí no había opción. Me habían comisionado para que llegase cuanto antes a Oviedo y la liberase. El riesgo que corría nuestra pequeña columna al avanzar era siempre menor que el riesgo que positivamente podía correr si tardábamos en llegar y la guarnición sucumbía. Liberé a Oviedo, como me habían mandado, y no sé si por capacidad de general en jefe o por virtud de guerrillero. Lo que había que hacer se hizo, y tuve la suerte de que el acierto viniese en apoyo de mi decisión.

—*De no haber hecho lo que hizo usted, ¿qué camino cabía seguir?*

—Esperar a que las columnas estuviesen organizadas; descontar que nos encontraríamos a Oviedo en manos de los rebeldes absolutamente, y entonces emprender contra ellos unas operaciones a fondo en las que indiscutiblemente les habríamos vencido, pero, desde luego, a costa de grandísimas pérdidas.

—*¿Tenía usted alguna garantía de éxito en su golpe de audacia?*

—Procuré tener todas las que militarmente podían exigírseme. Al venir a Oviedo, los rebeldes me habían preparado una encerrona en Peñaflor, en las gargantas que hay entre Trubia y Grado. Maniobré cautamente con mi columnilla, esquivé el peligro y caí sobre Oviedo a tiempo. El éxito coronó mi empresa. Eso es todo.

—*¿Cómo logró usted la rendición de la cuenca minera?*

—Sin disparar un tiro.

—*Se ha hablado de un pacto con los rebeldes.*

—No hubo tal pacto. La verdad neta de las negociaciones para la rendición de la cuenca minera es ésta.

El general López Ochoa recapacita y dice:

—Por mediación de una tercera persona, uno de los jefes de los rebeldes, llamado Belarmino Tomás, me hizo saber que estaba dispuesto a procurar la rendición de la cuenca minera y quería conocer las condiciones que yo impondría. Expuse al emisario mis condiciones: entrega de la cuarta parte de los miembros del Comité Provincial Revolucionario, entrega inmediata de las armas a los representantes de la autoridad que habían sido depuestos y aprisionados y que no se disparase un solo tiro cuando las fuerzas avanzasen.

»Belarmino Tomás, al conocer mis condiciones, por medio de su emisario, me manifestó que estaba dispuesto a venir a hablar conmigo si yo le prometía no hacerle prisionero. Le di mi palabra de aceptarle como parlamentario, y acto seguido se presentó en el cuartel general.

»Aceptó íntegramente las condiciones que impuse, que fueron las que dejo mencionadas, y no es cierto que él impusiese condición alguna. Ni me comprometía a facilitar salvoconductos, ni a que nadie pudiese eludir la acción de la justicia por los actos delictivos que hubiese cometido. Lo único que Belarmino Tomás me pidió, no como condición para rendirse, sino en tono de ruego, fue que en los pueblos de la cuenca minera no entrasen en vanguardia las tropas de Regulares. Le ofrecí llevarlas únicamente a retaguardia; pero le anuncié que en el momento en que sonase un tiro las pondría a la cabeza de la columna con orden de avanzar implacablemente como si se hallasen en terreno enemigo. Cumplí mi palabra y él cumplió la suya. Mientras se llevaban a cabo estas conversaciones, un cañón que los rebeldes tenían emplazado seguía hostilizándonos. Apenas salió de nuestra entrevista el parlamentario de los mineros, el cañón dejó de sonar. Las cuencas mineras fueron ocupadas al día siguiente sin que sonase un solo tiro. Hemos salvado muchas vidas de seres inocentes, y el ejército ha cumplido su misión con absoluta fidelidad, sin la más mínima concesión y sin pacto alguno con los rebeldes. Eso es todo.

—*Conozco, general, la versión de esas negociaciones que se tiene en el otro campo. He oído a testigos presenciales el relato de la escena que se desarrolló en la plaza del*

Ayuntamiento de Sama cuando Belarmino Tomás, ante los rebeldes armados, reunidos en asamblea, comunicó sus negociaciones y pidió a todos que entregasen las armas y se rindiesen. Fue, según me dijeron, un momento emocionante. Algunos exaltados querían asesinar allí mismo a Belarmino por traidor. Al fin se impuso el buen sentido. La versión de las negociaciones, quiero hacerlo constar, es idéntica a la que usted me ha dado.

—No podían dar otra. A lo único a que renuncié fue a la entrega de la cuarta parte de los miembros del Comité Provincial; pero no por otra razón que la de haberse fugado ya a aquellas horas el titulado Comité Provincial Revolucionario y no subsistir más que los comités locales. La entrega de la cuarta parte de los miembros de estos comités locales hubiera sido labor lenta. Yo quería cumplir mi decisión firme, con negociaciones o sin ellas, por las buenas o por las malas, de estar al día siguiente con mis tropas en la cuenca minera.

—*¿No hubo nada más en la negociación?*

—Nada más. Es decir, sí. Hubo en el momento de marcharse el negociador el deseo por parte de éste de hacer constar que se rendían sin condiciones, primero, porque se habían quedado sin municiones y, segundo, porque confiaban en mi espíritu humanitario y democrático y en mi lealtad personal, sin cuyas circunstancias no hubiera sido posible, ni probable, el pacífico sometimiento.

—*Ha sido un gran triunfo. Ahora, a esperar la recompensa.*

—No espero ninguna. Como militar, se me otorgará la que me corresponda; pero la más preciada para mí es la de haber cumplido mi deber. Como ciudadano, lo que me satisface más es el haber salvado a Oviedo y a España en momentos difíciles.

—*Dícese que el gobierno tiene el propósito de otorgarle el título de capitán general.*

—Para eso sería preciso que esa categoría militar existiera. Si el gobierno de la República la restablece y me considera con merecimientos bastantes para elevarme a ella, la recibiré con la máxima gratitud. Pero, quiero reiterarlo, no deseo más recompensa que la de la estimación de mis servicios por los ciudadanos de la República y, singularmente, de Oviedo, que ya me han otorgado el máximo galardón al nombrarme ayer hijo adoptivo de la ciudad.

ÍNDICE ONOMÁSTICO

ESTA PRIMERA EDICIÓN
DE «LA REVOLUCIÓN DE ASTURIAS
Y SUS PRECEDENTES»,
DE MANUEL CHAVES NOGALES,
SE TERMINÓ DE IMPRIMIR
EN BARCELONA
EN EL MES DE OCTUBRE
DE 2025

TÍTULOS PUBLICADOS